memoria argentina

colección dirigida por
Alberto Casares y
Bonifacio P. del Carril

Juan B. Ambrosetti

Supersticiones y leyendas

Juan B. Ambrosetti

Supersticiones
y leyendas

Región misionera
Valles calchaquíes
Las pampas

Emecé Editores

398(82)   Ambrosetti, Juan B.
AMB   Supersticiones y leyendas. Región misionera,
           valles calchaquíes, las pampas. -
           1a ed. - Buenos Aires : Emecé, 2001.
           192 p. ; 22x14 cm. - (Memoria argentina)

           ISBN 950-04-2266-2

           I. Título 1. Folklore argentino

Emecé Editores S.A.
Alsina 2062 - Buenos Aires, Argentina
E-mail: editorial@emece.com.ar
http://www.emece.com.ar

© *Emecé Editores S.A., 2001*

Diseño de tapa: *Eduardo Ruiz*
Fotocromía de tapa: *Moon Patrol S.R.L.*
Primera edición: 3.000 ejemplares
Impreso en Printing Books,
Gral. Díaz 1344, Avellaneda, septiembre de 2001

IMPRESO EN LA ARGENTINA / PRINTED IN ARGENTINA
Queda hecho el depósito que previene la ley 11.723
I.S.B.N.: 950-04-2266-2
45.040

La primera edición de *Supersticiones y leyendas* apareció en Buenos Aires en 1917, año de la muerte de Juan Bautista Ambrosetti, en la colección La Cultura Argentina, con una introducción de su discípulo el profesor Salvador Debenedetti. De entre las varias ediciones posteriores, cabe mencionar la de Librería y Editorial Castellví Sociedad Anónima, de Santa Fe, 1953, con un estudio biográfico y un extenso apéndice adicional de E. M. S. Danero y una bibliografía del autor.

Parte I

Folclore de la región misionera

CAPÍTULO 1

LAS SUPERSTICIONES DE LA REGIÓN MISIONERA

I. EL PAYÉ - II. PRÁCTICAS FUNERARIAS - III. SUPERSTICIONES RELATIVAS AL AMOR SEXUAL - IV. SUPERSTICIONES RELATIVAS A LOS ANIMALES - V. LA "HORMIGA DE CORRECCIÓN" - VI. SUPERSTICIONES RELATIVAS A LAS FAENAS RURALES - VII. SUPERSTICIONES RELATIVAS AL JUEGO - VIII. SUPERSTICIONES RELATIVAS A LOS VEGETALES - IX. SUPERSTICIONES TERAPÉUTICAS - X. LA BENDICIÓN, EL COMPADRAZGO Y LA LEYENDA DEL MBOI-TATÁ (VÍBORA DE FUEGO).

La zona de donde proceden estos datos de psicoetnografía abarca en primer término la región argentina y paraguaya del Alto Paraná: una parte de la provincia de Corrientes, el territorio de Misiones, el sur del Paraguay y la región del Alto Uruguay; por la cantidad de brasileños que allí viven, muchos de sus elementos provienen del folclore[1] de los estados de Río Grande y Paraná.

---

[1] Según la definición del señor M. A. Lane, el *folk-lore* de una nación comprende toda la "cultura" (intelectual) —si es que puede emplearse este término— que el pueblo ha sacado de sus propios recursos.

El término *folk-lore* es una palabra perteneciente al inglés antiguo, que literalmente significa: "lo que sabe el pueblo".

En 1816 fue sugerido este nombre, por medio de un anónimo, al *Athenoenum* de Londres y adoptado por los ingleses, seguramente a causa de su sabor arcaico. Hoy día sirve para designar todo lo que tiene relación con las tradiciones, costumbres, etcétera, de los pueblos.

Al principio, el *folk-lore* ha tenido importancia literaria y más bien como pasatiempo agradable de curiosidad; pero actualmente ha perdido ese carácter, para ocupar su puesto entre las ciencias antropológicas.

13

La gran mayoría de los habitantes de esas regiones son de habla guaraní, paraguayos y correntinos; y, naturalmente, muchas creencias y supersticiones son propias de su carácter, de su pasado y de sus elementos étnicos.

Descendientes los más de la mestización de india y de españoles que en el siglo XVI asentaron sus reales en la Asunción, aquella "ciudad tan regalada" y a la que "algunos por baldón con mal aviso, la llaman de Mahoma Paraíso", según el famoso arcediano Barco de Centenera, forzosamente deberemos hallar en su folclore viejos elementos hispano-moriscos, mezclados con otros guaraníes, salpimentados con motivos religiosos católicos, deformados de acuerdo con la mentalidad propia de esos campesinos criollos que viven la vida de los ríos, obrajes y yerbales.

Esa vida jugada a cada instante, entre las mil penurias y peligros de los trabajos del bosque eternamente virgen, pues el pasaje del hombre por entre sus lianas y maraña es siempre transitorio, tiene que ser por fuerza supersticiosa: esta superstición, acrecentada por la más

---

El progreso de los estudios folclóricos ha ido en aumento constante y, en casi todas las naciones civilizadas, existen muchas sociedades que, por medio de sus trabajos, han contribuido al conocimiento, en gran parte, del pasado del hombre.

La literatura publicada sobre esta materia es ya muy numerosa en Francia, Italia, Inglaterra, Alemania y España; no siendo escasa la de otros países europeos.

En los demás continentes se han emprendido también estudios interesantes, principalmente en América del Norte; pero, en lo que se refiere a la América del Sur, la literatura folclórica es pobre aún y fuera de algunos trabajos publicados en el Brasil y los datos que se hallan desparramados en los libros de viaje, poco se ha hecho en este sentido. Sin embargo, el filón es muy rico...

(J. B. Ambosetti, "Materiales para el estudio del folclore misionero", en la *Revista del Jardín Zoológico de Buenos Aires*, Nº 5, mayo 5 de 1893.)

estupenda ignorancia, se ha infiltrado en todos sus actos, desde el trabajo hasta los vicios.

Pueblo alegre y de gran viveza mental, ha tratado de sacar un gran partido de la magia simpática en provecho propio; y haciendo honor a sus ilustres antepasados ha abundado en las prácticas que se refieren al amor sexual y al juego, a la vez que ha conservado cierto número de leyendas, algunas de origen indio, deformadas por los aportes posteriores[1].

En el presente estudio expondremos lo que se refiere a las supersticiones; otro consagraremos a las leyendas. Unas y otras, directamente recogidas y presentadas en su forma original, constituyen un interesante capítulo de psicología étnica americana, rico en datos sobre las formas embrionarias de la lógica social.

---

[1] A pedido del director de la *Revista de Filosofía* hago un paréntesis a otras tareas actuales, reanudando los trabajos folclóricos que comencé a publicar en el año 1893, en la ya muy rara *Revista del Jardín Zoológico de Buenos Aires*, fundada por el doctor Eduardo L. Holmberg.

Este material de primera mano, recogido en mis viajes hace veinticinco años, ha permanecido inédito. Además, como los datos obtenidos no fueron totalmente publicados, creo oportuno darlos a conocer, a fin de que puedan servir para estudios posteriores. La falta material de tiempo hace que las libretas de viaje queden en gran parte, casi siempre, inéditas; con ello todo el trabajo de recopilación y de observaciones concluye por perderse y muchas veces de un modo irreemplazable, sobre todo los de este género; las nuevas poblaciones, por motivo del progreso, van olvidando o desusando las creencias de las viejas, o modificándolas por contactos exóticos que concluyen por modificar sensiblemente su significado primitivo. Dejando a otros la tarea del estudio comparativo o bibliográfico, por las razones antedichas, en este trabajo no haré más que volcar el contenido de las páginas de mis viejas libretas de viaje, acrecentando lo ya publicado con nuevos datos adquiridos en un viaje posterior.

I. EL PAYÉ

El payé es un amuleto que puede ser hecho de las cosas más variadas; muchas veces debe serlo en determinados días, horas y circunstancias.

El payé es casi siempre personal, fabricado ad hoc y especialmente dedicado a una determinada misión; no he conocido payés de uso general como nuestras mascotas, por ejemplo; en la región visitada por mí, todos los datos recogidos están de acuerdo con esto.

Este amuleto hay que cuidarlo, y cuando en su composición entra la piedra imán, es necesario darle de comer de tiempo en tiempo, es decir, agregarle pedacitos de agujas, que es creencia que son devorados paulatinamente por la piedra.

En otros interviene el agua bendita y se supone por este solo hecho que el payé está bautizado, lo que hace que el que lo posea se abstenga de relaciones sexuales, llevándolo consigo; éste es el caso de la moneda de plata (payé de la amistad) colocada en la pila del agua bendita a la entrada de la iglesia, con la intención de que todo el que entra y moje su mano en la misma agua quede de amigo.

Igual precaución hay que tener con el payé fabricado con hueso de muerto —preferentemente de criaturas infieles, es decir, sin bautizar, pulverizado, mezclado con cera y colocado furtivamente debajo del mantel del altar para que quede consagrado durante una misa.

Lo mismo pasa con los payés fabricados con el paño blanco y angosto que colocan en las cruces de los cementerios o caminos señalando el lugar de una muerte repentina, asesinato, etcétera, llamado *Curuzú yeguá*, que es muy recomendado contra las heridas de bala.

16

Muy castos son también los payés que representan un santo; éstos se ponen bravos (santo pochí) porque son muy delicados, y es necesario hacerlos dormir afuera, sobre todo los trabajados en viernes santo, antes de salir el sol, porque los tienen por bendecidos; éstos son hechos con la madera de la raíz del laurel. San Felipe y Santiago, excelentes para poder domar caballos, por lo que están presentados siempre a caballo; San Marcos, para tener coraje, por representarlo allí con un toro; San Antonio, cuyas virtudes de taumaturgo en general son harto conocidas y su tratamiento nunca es de lo mejor porque es santo de rigor: se lo emplea colgándolo del pescuezo para que señale la dirección donde se hallan las cosas perdidas, o presta otros servicios más o menos reñidos con su carácter.

Pero los dos santos más curiosos, aunque fabricados con diversas materias y de creación netamente popular, son: San Son, hecho con la punta de un cuerno de toro, como animal de fuerza, para conseguirla, pues creen que Sansón, el héroe hebraico, es un santo, descomponiendo la palabra. El otro es un santo más serio: San La Muerte, que suele hacerse de plomo, flaco y cabezón, con apariencia de esqueleto, fabricado también en viernes santo, excelente contra la bala y el cuchillo; es también muy delicado: hay que hacerlo dormir afuera y no pelear con él sino en los casos graves, pues la muerte del contrario es infalible.

Estos payés tienen también sus inconvenientes, al punto que muchas veces imponen tantas restricciones que concluyen por hacer que sus mismos dueños les tomen miedo, y no ha faltado caso de que, en un momento dado, uno de estos pecadores aterrorizados haya corrido a la iglesia para hacerse bendecir y quebrar así la influencia del payé.

Uno de los más fastidiosos, o traicioneros, es San Antonio, usado para no cansarse y ser guapo en el trabajo, fabricado en este caso en viernes santo, de un guacho o retoño cerca de la raíz de un árbol de yerba mate; hay que velarlo el día de su santo y no dejarlo solo, porque si no incendia la casa donde se queda.

II. Prácticas funerarias

Siendo por demás conocido el velorio de las criaturas, más o menos igual en todo el territorio de la República, y practicado por la gente de campo bajo el nombre de velorio del angelito, considero superfluo describirlo en este trabajo.

Baste decir, para los que ignoren en qué consiste, que es creencia general que las criaturas de corta edad, muertas sin haber podido pecar, van derecho al cielo, siendo allí transformadas en ángeles; así, en vez de sufrir mucho por la pérdida del hijo, los padres se consuelan, y con este motivo celebran bailes ante el cadáver, alternados con algunas oraciones.

Estos bailes, siempre muy concurridos y de animadísima diversión, son costeados por el padrino de la criatura muerta, así como el cajón y la cruz que se coloca sobre la sepultura.

En Misiones hay una costumbre muy curiosa. Al año del velorio, la familia va al cementerio y trae a su casa la cruz, que precaucionalmente se fabrica articulable sobre un tronco clavado sobre la tumba.

Esta cruz, junto con todas las flores secas y las cintas de los ramos que adornaban el cadáver el año anterior, y religiosamente guardadas desde entonces, son colocadas en una mesa bien adornada y se vuelven a velar.

A esto se llama velorio de la cruz, y con este motivo hay nuevo baile, costeado otra vez por el padrino.

En estos velorios intervienen muchas veces lloronas o rezadoras profesionales.

Pasado el novenario del difunto, los parientes más próximos hacen la limosna de Dios (*Tupá mbahé*), que consiste en dar algo a los pobres, desde carnear una res hasta repartir unas cuantas chipás o mandioca, según las posibilidades de cada familia.

El velorio de personas mayores es más serio, excluyéndose los bailes y chacotas.

En esa región no hay sepultura sin su correspondiente cruz; más aún: si en cualquier parte es asesinado alguno o cae muerto de alguna afección orgánica, o lo fulmina un rayo, etcétera, aun cuando no se entierre allí, se coloca también una cruz para memoria del hecho, y ese lugar es reputado tan sagrado como una tumba. Todo el que pasa por ella se descubre; algunos, llenos de mística superstición, no dejan de rezar por el descanso del alma del que fue.

En algunas partes adornan las cruces con trapos blancos que colocan suspendidos de los brazos, como se usa en las iglesias para Semana Santa (*Curuzú yeguá*).

Más original es otra costumbre observada principalmente en Corrientes: la de llevar al pie de las cruces frutas, dulces, chipá, etcétera[1], para que el que pase por allí se sirva de ellos, con la condición de que rece sobre la tumba por el alma del finado; todos tienen buen cuidado de hacerlo para que el muerto no se irrite y tome venganza. Está muy generalizada, también, la costumbre de prender velas sobre las sepulturas.

---

[1] Pan de almidón, de mandioca, de maíz, etcétera.

Estas cruces son también llamadas *Curuzú de las áni-mas* y muchas de ellas tienen al pie varias piedras, principalmente las que se hallan cerca de algún arroyo; esto es debido a los viajeros que se las ofrendan a falta de velas, pidiéndoles que les sea propicio el viaje, no les llueva en camino, etcétera[1].

Las cruces viejas suelen ser transportadas a las casas para encenderles allí velas y hacerles oraciones, porque se tiene la creencia de que sirviendo a la cruz se sirve al muerto.

Son reputadas muy milagrosas las cruces colocadas en los árboles donde se ha suicidado algún individuo, y por extensión el árbol mismo es tenido por milagroso.

Todo este respeto supersticioso por los muertos, tratándose de restos cristianos, se troca en desprecio cuando se trata de restos de indios; como los consideran infieles, se ríen de ellos, son capaces de romperlos y aventar sus fragmentos.

La creencia en las malas visiones (*mbai pochí* o *angüé mbai*, entre los guaraníes) de almas en pena es frecuente; a los fuegos fatuos les atribuyen ese origen y dicen que se entretienen en atajar a los viajeros en los caminos. Un medio excelente para poder pasar, atropellando ese obstáculo, es atar un rosario bendito (que muchos llevan consigo) en la pata delantera del caballo.

Estas malas visiones pueden ser producidas también por el diablo o por brujas; en el primer caso, los perros, de noche, se ponen a aullar en cuanto se aproxima a las

---

[1] Compárese esta costumbre de los viajeros con la igual de la región andina: es decir, el depositar piedras en las apachetas a objeto de propiciarse la buena voluntad del *genius loci*, la Pachamama, para cruzar los malos pasos en las serranías.

A propósito de viajes en la región misionera, el primer lunes del mes de agosto es reputado día aciago para viajar.

casas, y el remedio para conjurarlo es colocar boca abajo en el suelo la chancleta o zapatilla del pie izquierdo y ponerse a rezar; en cuanto a las brujas, que se suponen mujeres de mala vida transformadas en pájaros y pueden penetrar de este modo en las casas, lo mejor contra sus maleficios es tirarles con los calzoncillos o castigar el aire con un rosario bendito.

En cambio, de todos estos malos elementos, hay algunas almas buenas, como, por ejemplo, la del "negrito del pastoreo", que murió azotado por sus amos por una falta que no había cometido, en tiempos muy anteriores a la guerra[1]; éste ayuda a encontrar las cosas o animales perdidos, con sólo ofrecerle una pulgada de vela. Buena es también la de Yanuario, un pobre que se comide a todo, principalmente en los trabajos de campo; así, en los rodeos, cuando es necesario, le gritan: "¡Ataje, Yanuario!", y él ataja los animales, no sin protestar, pues muchas veces les contesta: "Sólo se acuerdan de Yanuario para trabajar y nunca para comer", aludiendo a la extremada miseria que pasó toda su vida[2].

III. Supersticiones relativas al amor sexual

El amor puro, ideal, sólo es un bello privilegio de las personas civilizadas. A medida que se desciende en la escala humana, y aun en la social, desaparece para ser suplan-

---

[1] Del Paraguay, se entiende; esta leyenda es de la época colonial. También se usa ofrecer una vela a San Benito; pero como este santo es negro, no es difícil que lo confundan con el negrito del pastoreo o viceversa.
[2] Esta leyenda es de origen brasileño.

tado por el instinto eminentemente animal, en el que no se ve más que los dos sexos, macho y hembra, que se buscan impulsados por la necesidad de conservar la especie.

Las formas exteriores que pueden rodear y ayudar esta aproximación, o la conquista de la mujer, son muy variadas en todas las tribus y razas, ya sea que se trate de una legítima y duradera posesión o de una simple seducción transitoria.

En países primitivos, tan afectos a la leyenda y a lo sobrenatural como la región que me ocupa, el caso de la simple seducción es muy general, dada la vida seminómada de los habitantes, su origen y la herencia indígena que pesa sobre ellos todavía.

Por eso no es extraño que empleen ciertos talismanes o payés, en cuya eficacia tienen una fe ciega, ya que también muchas personas civilizadas los emplean, convencidas de su poder.

A mi buen amigo Patricio Gamon, de Villa Azara, quien tantos datos me dio, debo también muchos de los siguientes, que se refieren principalmente a los paraguayos y guaraníes[1].

Talismán para hacerse invisible a voluntad. Un día viernes, porque ese día es apropiado para todas estas cosas, hay que matar un pájaro muy raro, el tingazú[2], y ese mismo día se lleva a un lugar desde donde no puede oírse el canto del gallo; allí se cava un pocito y se entierra el desgraciado pájaro, después de haberle agujereado la

---

[1] Los indios guayanás, de origen camé, habitan principalmente sobre el Alto Paraná, en una pequeña aldea denominada Villa Azara; puede decirse que ya están incorporados a los paraguayos y muy mezclados con ellos; según parece, son descendientes de los restos de las reducciones jesuíticas, allí refugiados.

[2] Es el cuclillo: *Coccigus cayanus* (Azara Nº 265).

cabeza y colocado con un poco de tierra tres habillas en los sesos.

Ocho días después se va a ver si han brotado las semillas, conduciendo una criatura inocente. Entonces el operador saca una de las tres hojas que han nacido y poniéndosela en la boca pregunta al muchacho, que está a una distancia de diez o doce varas, si lo ve, a lo que contesta que sí; toma la segunda hoja y repite la misma operación, con igual resultado; al fin, con la tercera hace lo mismo, pero esta vez ya el muchacho no lo ve y naturalmente se pone a llorar y a buscarlo.

Viendo que el talismán surte efecto, saca la hoja de la boca y vuelve a ser visible para el muchacho; el operador guarda entonces la hoja, para emplearla cuando la necesite.

Este talismán es muy buscado por los Don Juanes nocturnos: felizmente para la humanidad, nunca lo consiguen, pero puede muy bien servir de pretexto.

Talismán para el amor. Para ablandar el corazón de alguna mujer inaccesible a las protestas de un galán, es muy eficaz, según dicen, escribir el día viernes con la séptima pluma del ala izquierda del pájaro urutaú[1].

Las mujeres rebeldes no resisten si se les pide el sí en viernes santo.

Hay muchos otros procedimientos, pero éstos entran en la categoría de los payés, como los confeccionados con el cabello de la mujer requerida, piedra imán y cera; las cerdas de colores determinados, colocadas dentro de los cigarros con que se invita[2]; el llevar escondida

---

[1] Urutaú (*nyctibius cornutus*) es un pájaro de la familia de los caprimúlgidos, cuyo canto refieren al llanto de los poetas.

[2] No hay que olvidar que en esa región suelen fumar los dos sexos.

una aguja comprada en viernes o llevar consigo recorte de las diecinueve uñas menos la del dedo pulgar de la mano derecha[1]. Entre los indios cainguaes el forro de las colmenas que hace la abejita *yetey* dentro de los árboles es reputado buen payé. Estos indios fabrican también un brebaje con jugos de distintas yerbas preferidas por los animales, como el *torocaa* (yerba del toro), el *tapü-caa* (yerba del tapir), *mutú-caa* (yerba de la perdiz), *lo-rito-caa* (yerba de las cotorras), *guachu-caa* (yerba del venado), todo esto mezclado con miel de mandoví, una abejita silvestre del grupo de las meliponas.

Pero nada surte más efecto que llevar en el bolsillo un pequeño envoltorio que contenga una mezcla de sesos y plumas de caburey[2] junto con bermellón. Este último talismán es muy usado en Misiones y aun en Corrientes. Hallándome en esta ciudad, un indio chunupí, con gran misterio, sacó de entre un atadito unas plumas de caburey que me quiso vender diciéndome: "¡Para china!", es decir, bueno para seducir chinas; deduje que este artículo debe ser buscado por los tenorios del bajo pueblo y representa para esos indios un objeto de comercio.

Los indios cainguaes tienen también la creencia de la eficacia del bermellón, y los peones yerbateros raspan los tarros de pólvora, que generalmente se hallan pintados de color rojo, vendiéndoles el polvo como bermellón, por gallinas, mandioca u otros alimentos.

Los cainguaes, cuando quieren conseguir alguna india, le muestran el bermellón y la invitan a acompañarlos

[1] Sobre las uñas, es muy general la creencia de que ejercen una acción atractiva sexual; en Buenos Aires, cuando un hombre anda trastornado por una mujer, es frecuente oír decir que le han dado cerveza con uñas.

[2] Caburey (*Glancidium ferox*) es una lechucita llamada también Rey de los pajaritos.

al monte, diciéndoles que si no lo hacen se llenarán de horribles llagas; ante tal amenaza difícilmente resisten.

Aparte de que puedan creer realmente en la eficacia de estos talismanes, me inclino a creer que suelen ser pretextos para vindicar la inocencia en cualquier caso, y más de una seducida ha de decir entre llantos y sollozos, al sufrir reconvenciones, cuando la naturaleza concluye la obra empezada por el amor: "¿Y qué culpa tengo yo si él tenía un payé de bermellón y caburey?"

Las mujeres, en cambio, una vez que han conseguido amante o novio, difícilmente lo largan, para lo cual pueden usar ciertos procedimientos aconsejados para ligarlos; éstos se basan en dar a beber, disimuladamente, en el mate o en cualquier cosa, y aun en los cigarros, pequeñísimas dosis de sangre menstrual, o sencillamente hacer que el hombre duerma sin apercibirse sobre alguna pieza de ropa interior manchada con lo mismo.

Además, para estar seguro el uno del otro y saber a qué atenerse, puede arrancarse durante el sueño cualquier secreto colocándole sobre la boca del estómago, y comprimiéndolo suavemente, un saquito conteniendo un poco de tierra extraída sobre una sepultura y hacerle las preguntas correspondientes.

Si el hombre se declara culpable, puede reducírselo a la impotencia, ya sea ligándolo o simplemente colocándole debajo de la almohada un ajo macho.

Si una persona tiene cola de paja, no debe sentarse en ningún mortero, sobre todo si no quiere que la madre de la joven que festeja lo llegue a pillar.

En los noviazgos no se debe comer en la olla, so pena de que llueva en día de bodas.

Casados ya, en el momento del parto es de lo más eficaz, para que no haya novedad, colocarse el sombrero del marido o atarse sus calzoncillos alrededor del cuerpo y en último caso fajarse con la cincha de la montura de su caballo.

En aquella región existe también la leyenda de la "mula ánima", que es de origen español, pero bautizada en guaraní bajo el nombre de *Tatá hujá*; también se refiere a la "mujer de cura abandonada por éste"; y se presenta igualmente en forma de mula que anda de noche echando fuego por los ojos, tascando el freno, corriendo por todas partes y produciendo grandes ruidos, con lo que espanta a los otros animales.

IV. Supersticiones relativas a los animales

De acuerdo con la variedad de su fauna, abundan en esta región las supersticiones y leyendas en que los animales representan un papel importante. Muchas son, sin duda, de origen español; pero en otras se advierte el origen indígena, aunque más tarde fueron cristianizadas.

Empezando por los monos, se cree que los comunes, del género *Cebus*, en su origen fueron niños; hallándose trepados a un árbol comiendo fruta, fueron maldecidos por la Virgen, por haberse burlado de ella, pues a su pedido de darle fruta para el niño Dios, le tiraron cáscaras.

En cambio, el carayás[1] o mono barbudo, del género

[1] Durante mi viaje al Alto Uruguay, y atravesando la campaña de la región misionera de Río Grande del Sur, encontramos muchas veces, en las grandes isletas de monte, de que están salpicados estos campos, varias bandadas de monos que, desde lejos, traicionaban su presencia con sus fuertes coros.

Aquello parecía a veces un concierto de rugidos, para cambiarse al rato en otro de gruñidos, o cesar después para dar lugar el director de or-

Mycetes, fue un hombre (*aba cué*) maldecido por su padre por haberse burlado de él durante su borrachera. Es el cuento de los hijos de Noé.

De los carnívoros, al puma o león (*Felis concolor*) temen matarlo con arma de fuego porque, como es muy inteligente, comprende lo que le espera y cuando le apuntan se pone a llorar.

---

questa a un *troc-co-to-toc, troc-co-to-toc* semejante al ruido que producen ciertos juguetes de matraca... Una banda de quince a veinte monos basta para ensordecer a los habitantes de una gran zona. Comúnmente los veíamos saltando y haciendo piruetas en la copa de los grandes árboles, en la ceja del monte, casi siempre en cuatro pies y con la cola levantada, y entonces aprovechábamos para tirarles a bala.

Algunos caían derribados, pero otros quedaban prendidos de la cola y no nos era posible conseguirlos. Creo que esto se debe a una rigidez casi instantánea de esos músculos, provocada por la muerte rápida, y parecida a la que se observa en los campos de batalla con ciertos cadáveres.

Los que podían caer al suelo presentaban en sus caras las huellas del sufrimiento al morir: tan expresivos son que, no mirándoles sino esa parte, parecen criaturas humanas.

Como tenía curiosidad de observar el contenido de su estómago, procedíamos inmediatamente a abrirlo, encontrándolo invariablemente en esa época, de noviembre a enero, lleno de fruta de guaimbé (*Philadedron pennatifidum, Kith.?*) sumamente abundante en todos esos montes, epífito de los grandes árboles, a los cuales se abraza por medio de sus largas raíces cilíndricas, cuya corteza brinda al habitante de esos parajes una materia fuerte y resistente para ser empleada como cuerdas.

El fruto del guaimbé, que he comido muchas veces, es sumamente agradable y tiene un sabor entre la banana y el ananá, pero no hay que mascar la semilla, que posee una sustancia especial parecida a la pimienta y que hace arder fuertemente la boca.

Se me ocurre lo siguiente: la semilla del guaimbé, ¿no necesitará para poder germinar, pasar antes por los órganos digestivos de los animales, aves o mamíferos, los que luego la depositan sobre los árboles, mezclada con sus excrementos?

Me parece que sí, porque el guaimbé raras veces se halla en el suelo; siempre es epífito y sus semillas no son de las que vuelan sino más bien de las que se caen y además su fruto es demasiado agradable e incitante para que no tenga este objeto, como lo tienen todas las cosas de la naturaleza.

Pero, volvamos a los carayás.

Sospecho que en esta conseja debe haber alguna leyenda antigua que no he podido descubrir. Sin embargo, me inclino a creer que haya en ella un resto de totemismo.

El tigre[1] tiene un gran papel en las leyendas de metamorfosis, como la del yaguareté abá, por ejemplo, de la que me he ocupado en otra oportunidad con mayor extensión.

Es creencia que este animal tiene que hacer todas las noches siete leguas de camino. Por otra parte, el hueso del pene de este animal, envuelto en un fragmento de su

---

Durante la época de la fruta del pino (*araucaria brasiliensis, A. Rich*), se pasean por los pinares haciendo gran consumo de ellas y así sucede con las demás frutas de esos bosques.

En cuanto a la domesticación, me parece que sea difícil conseguirla en los carayás. Últimamente, en Tacurú Pucú, le fue regalado a un amigo mío un carayá joven, de color leonado claro, cazado días antes, matando la madre, y a pesar de los cuidados que le prodigamos, dándole leche, no cesaba de gruñir y murió dos días después.

(J. B. Ambrosetti, "Notas biológicas", en la *Revista del Jardín Zoológico de Buenos Aires*, N° 1, enero 15 de 1893.)

[1] El tigre negro (*Felis yaguatiryca*, Liais).

Leyendo un libro del señor Emmanuel Liais, *Climats, Géologie, Faune et Géographie Botanique du Brésil*, en la página 455, encontré la descripción de este carnicero y las razones que han inducido al autor para fundar una especie nueva, con el nombre que encabeza estas líneas, razones y descripción que están contestes con la comparación que he hecho del cuero que poseo y que creo muy razonables. Las medidas de este animal son, en general, un metro sesenta de largo, desde la punta del hocico a la raíz de la cola; esta última tiene sesenta centímetros de largo.

El nombre que los indios tupis, del Brasil, dan a este tigre es el de *Yaguá-tyryc*, es decir "el tigre que es necesario evitar", y *Yaguá-tyrica*, es igual a "tigre del que es necesario huir"; con esto se da una idea de su ferocidad.

Los indios de Misiones llaman al tigre negro con distintos nombres, según la tribu a que pertenecen; así los ingain le dicen *Kuchí Kudán*; los kaingángues, *Ming shá*; los guaraníes, *yaguaretchú*.

(J. B. Ambrosetti, "Notas biológicas", en la *Revista del Jardín Zoológico de Buenos Aires*, N° 9, septiembre 15 de 1893.)

cuero, es llevado al cuello para tener fuerza y valor personal (magia simpática).

Este amuleto debe ser extraído personalmente.

Una noche, hallándonos acampados en la costa de un arroyo, mientras hacíamos la cruzada desde el Alto Uruguay al Alto Paraná, por la picada de Paggi o Paray-Guazú, observé con extrañeza que mi tropero (brasileño) ponía cuatro tizones encendidos en el suelo en forma de cruz y orinaba sobre ellos; luego los tomó uno por uno, y diciendo ciertas palabras que no pude distinguir, tiró uno a cada viento. Interrogándolo respecto de su curiosa práctica, me respondió que era para que no se nos acercasen los tigres, teniendo por muy eficaz aquel conjuro.

Otro de nuestros peones, brasileño también, llevaba sobre el pecho un gran escapulario que, según él, le había salvado la vida refiriéndome lo siguiente: Hallábase mi peón (Márquez, se llamaba) zapecando[1] yerba, cuando sintió que el escapulario le golpeaba tres veces en el pecho; sobresaltado, se dio vuelta y vio cerca de él un tigre en actitud de atacarlo. Asustado, le tiró con un tizón y salió disparando a gritos; sus compañeros acudieron, y dando sobre el rastro con los perros, se internaron en el monte, no sin antes prohibirle a Márquez los siguiera, pues como se hallaba con escapulario no darían con el tigre; tiene aquél la virtud de ahuyentar las fieras.

Lo sucedido con Márquez es explicable: el tigre, cuando está por saltar sobre su víctima, produce un ruido cartilaginoso con las orejas, que por allí dicen de casta-

---

[1] Zapecar yerba es un término de los yerbateros brasileños que indica la primera operación que sufre la hoja después de cortada del árbol y que se reduce a chamuscarla ligeramente sobre un gran fuego que se hace allí cerca. En los yerbales paraguayos a esto llámase overear la yerba.

ñetas, y naturalmente de un modo instintivo el peón, al oírlo, dio vuelta y miró; en cuanto al escapulario, nada tiene de extraño que le hubiera golpeado el pecho, dada la posición agachada en que se encontraba, el movimiento propio de su trabajo y el tamaño del mismo.

Ya hemos visto la participación que tienen los perros para descubrir las brujas; aquí sólo agregaremos que anuncian también la visita de personas extrañas revolcándose en el suelo.

El aguará (*Canis jubatus*) proporciona el riñón que, seco y colocado en la extremidad de un palo, sirve para matar las serpientes venenosas con sólo acercárselo.

El anta, o tapir[1], además de servir de remedio para al-

---

[1] El tapir tiene en Misiones varios nombres… Los blancos, en general, lo llaman anta, seguramente a causa de los muchos brasileños que allí hay; los correntinos y paraguayos lo llaman por su nombre guaraní, *Mborebí* o *Mboré*, como dicen los indios guayanás.

Los tupís del Iuitorocái, es decir los ingains, *Kumbé güí* o, sencillamente, *güí*, nombre onomatópico seguramente del silbido que produce. Los tupís kaingángue de la sierra de Misiones le llaman *Oyúr* u *Oyôro*.

En cambio, los caingüa de raza guaraní pura le dicen *Tapüch*, que creo haya sido el verdadero hombre en guaraní, de donde se originó después la palabra tapir, nombre que olvidaron con el tiempo los paraguayos y correntinos para adoptar el actual de *Mborebí* que, lo mismo que es guayaná, bien puede ser de otra tribu.

Todos los cazadores en Misiones están contestes en que el anta, parada, es un animal imponente… Es muy nadadora y se zambulle con facilidad… Los indios de Caingüá cazan al tapiro con cimbras de lazo que colocan en el carrero del animal… Los lazos están hechos con la cáscara de las raíces aéreas del guaimbé y poseen una gran resistencia.

Entre los cainguás, la muerte de un anta es festejada hasta con bailes nocturnos que da el feliz cazador… El cuero es bastante apreciado entre los paisanos… Juega también un gran papel en la superstición, pues los que, en sus trabajos, necesitan alzar pesos al hombro, lo usan para hacer las alzas, pues dicen que, como el anta es animal de mucha fuerza, el cuero les comunica parte de ella.

La pezuña del tapir es también usada en la medicina popular, ya sea como fetiche, sobre todo para las criaturas a quienes se la cuelgan al cue-

gunas enfermedades, da fuerza a los que usan correas para cargar bultos hechos con su cuero (magia simpática).

El cerdo es la cabalgadura del fantasma del monte llamado *Caapora*; pero esto es sólo por extensión, pues la verdadera cabalgadura es el chancho del monte, o sea un *dicotyle*; los guaraníes llaman también al cerdo *Cristiano cué*, y en un relato del nacimiento de Cristo dicen que ese cristiano se transformó en cerdo por haberse quedado dormido y no haber ido a saludar al niño Dios.

La comadreja o micuré (*Didelphis*), en esa misma oportunidad tampoco se presentó, por estar recién parida y sucia, a pesar de su buena voluntad, habiendo sido premiada por esto con la bolsa marsupial.

El oso hormiguero o Jurumí (*Mirmecophaga jubata*) tiene fama de preñar a distancia, con sólo mirar la hembra.

Las aves abundan también en las leyendas; ya conocemos el gran papel que desempeña el caburey (*Glaucidium ferox*) en la fabricación del payé. Es también consecuencia de la magia simpática. Como creen que este animal atrae a los pájaros, sus plumas conservan el poder atractivo y pueden emplearse para atraer mujeres.

---

llo, para que tengan facilidad en la dentición, ya tomada por boca, después de reducida a polvo, para evitar hemorragias en las mujeres.

La grasa también goza de gran fama por sus virtudes curativas, sobre todo como madurativo de *postemas* internas, nombre bizarro que aplican a cualquier dolor interno, desde la simple neuralgia hasta la puntada de costado que se siente en las pulmonías o pleuresías; para todo esto, según ellos, las fricciones de grasa de anta son eficacísimas.

Con sal no sólo se domestican fácilmente los tapires sino también otros machos paquidermos y rumiantes; por medio de ella puede tenerse a este animal en completa libertad; saldrá, irá al arroyo más próximo a bañarse, andará por el monte cercano, pero infaliblemente volverá a la casa de sus dueños, si éstos le dan de cuando en cuando un poco de sal.

(J. B. Ambrosetti, "Notas biológicas", en la *Revista del Jardín Zoológico de Buenos Aires*, Nº 9, septiembre 15 de 1893.)

El ñacurutú o búho (*Buho magellanicus*) magnetiza al gato y a otros animales.

El cuervo negro[1] anuncia lluvia, y nunca le tiran porque la escopeta queda húmeda para siempre.

[1] Urubú (*cathartes foetens*, Illiger). Este basurero barato y abundante, cuando se sabe emplear, es común en la región misionera; he tenido varias veces ocasión de observarlo, tanto en las colonias militares brasileras del Alto Uruguay e Iguazú como también en Tacurú Pucú, costa paraguaya del Alto Paraná.

En general, siendo respetados por todos, los cuervos puede decirse que se pasean por las calles; casi siempre se los ve posados sobre los cercos de las casas o corrales, y uno puede arrimárseles hasta una corta distancia, sin que se muevan.

Cuando se carnea o muere algún animal, los cuervos se encargan de hacer desaparecer los despojos y no sólo devoran éstos sino que también concluyen con todos los restos de origen animal que la gente arroja; así que no es raro verlos disputando sus poco envidiables presas a los hambrientos perros.

A pesar del olor repugnante que exhalan, hay personas que gustan domesticarlos, y entonces tienen un compañero inseparable; he conocido algunos en estas condiciones, en Entre Ríos, que cuando sus dueños salían, los cuervos, revoloteando sobre sus cabezas, los seguían aunque fueran en carruaje o a caballo, a grandes distancias; puede decirse que son perros aéreos.

Otro cuervo criado en una casa en el Paraná daba todos los días una especie de paseo, volando por la ciudad y a hora fija volvía a su casa; como pertenecía a un médico y todos lo conocían ya, no le hacían daño alguno.

Después de una lluvia, los cuervos saben posarse sobre los árboles secos y aislados en donde pasan largos ratos con las alas abiertas para secarse, cambiando de frente, de tiempo en tiempo, sin cerrarlas.

El cuervo es un animal repugnante y fúnebre. Como se los ve sobre los árboles secos y cerca de un animal muerto, alguien los llamó pintorescamente "candelabros de la muerte"; pero cuando se ven tranquilamente posados en medio de un pueblo y se pesan sus buenas cualidades, la aversión desaparece, tornándose en simpatía protectora, tanto, que ni los niños, tan inclinados al mal por naturaleza, los persiguen ni molestan, como sucede con las otras aves que desgraciadamente pagan un fuerte tributo de víctimas a las pedradas y hondazos infantiles. (En la ciudad de Lima, los cuervos negros o gallinazos son los encargados de la limpieza pública; todas las basuras animales se arrojan a las calles donde son devoradas pron-

Anuncia también lluvia el tucano (*Rhamplastos*) cuando cambia de isla (de monte); el saracura (*Aramides saracura*), cuando canta, anuncia viento norte o cerrazón[1].

El casco u hornero (*Furnarius rufus*) no debe matarse ni destruir su nido porque estos hechos producen tormentas.

La perdiz común (*Nothura maculosa*) no puede beber sino cuando llueve, pues las gotas deben venir del cielo cuando quiere la Virgen, siendo que ésta la maldijo y la dejó sin cola por haberle espantado el burro que montaba en la huida a Egipto.

La perdiz de monte o macuco (*Cripturus obseletus*) preserva de las mordeduras de serpientes con sólo llevar consigo su cabeza seca[2].

El picaflor es considerado animal sabio, y colocado debajo de la puerta de entrada de un negocio atrae la clientela; entre los caigange, cuando vuela cerca de los ranchos, es indicio de novedades.

El pitanguá o guira mitá (*Saurophagus*) cuando canta cerca de una casa anuncia preñez o próximo nacimiento; en cambio, cuando pasa el anó o yaguazú guirá anuncia la muerte de alguien.

Sobre el urutaú (*Nictibius groseus*) hay dos versiones.

---

tamente por ellos. La ley también los protege, aplicándose una multa de diez pesos plata al que mate a un gallinazo.)

Los indios también los respetan y eso que no son muy delicados en la elección de sus manjares.

Protejamos a los cuervos negros, cuyos formidables estómagos nos libran de millones de microbios.

(Juan B. Ambrosetti, "Notas biológicas", en la *Revista del Jardín Zoológico de Buenos Aires*, Nº 1, enero 15 de 1893.)

[1] El caballo cuando se pone catingoso anuncia también lluvia y el lobito de agua (lutra) cuando nada aguas arriba anuncia bajante del río. Los guayanás dicen que llueve cuando canta el *arai ya* (dueño de la lluvia).

[2] También da el mismo resultado una cola de serpiente.

Una es que fue una persona que no quiso visitar al niño Dios y por eso llora arrepentida desde noviembre a enero. La otra es también aplicada al carau (*Aramus scolopacius*) y fue una joven que, hallándose en un baile, le avisaron que su madre se moría; como estaba muy entretenida no se apuró, encontrándola muerta al llegar a su casa. Tanto fue su dolor, que se transformó en pájaro que llora siempre. Al urutaú lo llaman también *Güeimícué* (vieja que fue).

Entre los cantos populares hay unos versos en que se hace mención del urutaú bajo este nombre:

> *Vide en amante pareja*
> *el* Mocoí-cogoé (es una perdiz)
> *y por la noche asemeja*
> *una tristísima queja*
> *el canto del* Güeimí-cué.

Entre los cainguaes existe la creencia de que cazando con cimbra un carau y revolcándolo vivo de una pata se le hace llorar; recogiendo las lágrimas en una hoja y colocándola detrás del chiripá o taparrabo de la mujer, ésta llorará por el amante o marido durante su ausencia.

El gallo tiene fama de haber dado el primer grito cuando el nacimiento de Cristo, anunciando la nueva; el buey preguntó: "¿dónde?", la oveja respondió: "en Belén", y el lorito dijo "creo". Como se ve, estas palabras, arregladas de acuerdo con la más o menos exacta semejanza de los gritos de estos animales, resultan onomatopéyicas.

El chajá (*Chauna chavaría*), que generalmente vuela en parejas, tiene esta leyenda sobre su origen, basada también en lo anterior: Dos muchachas se hallaban lavando a la orilla del río cuando llegaron Jesús y San Pedro; habiéndoles pedido agua para beber, les alcanzaron

34

espuma de jabón y por eso fueron maldecidas; al quererse ir, por decir yajá, que en guaraní quiere decir vamos, dijeron chajá y salieron volando transformadas en pájaros. Desde entonces su cuerpo tampoco sirve para nada, pues su carne dicen que es pura espuma, de donde proviene el conocido dicho popular: "Pura espuma como el chajá".

Entre los reptiles, el teyú de las casas, es decir, una lagartija, posiblemente el *Acrantus viridis*, llamada *Ambere*, proporcionaba su grasa a los muchachos de la escuela para untarse las manos y quebrar las palmetas de aquellos célebres maestros de antaño, entre cuyos preceptos se encontraba el famoso "la letra con sangre *dentra*"; en Buenos Aires, los alumnos contemporáneos de los paraguayos que nos ocupan, creían obtener el mismo resultado confeccionando en la misma palma de la mano una cruz de pelos pegados con saliva.

De la iguana (*Podinema teguixin*) se extraen anillos de cola para evitar las insolaciones; éste es otro caso de magia simpática, pues como ellos ven que estos animales generalmente se encuentran bien al sol, creen que sus anillos caudales pueden comunicar esa misma resistencia a los que los llevan.

Las serpientes, en general, son muy temidas, pues en aquellos lugares abundan las venenosas, y, como hemos visto ya, varios son los payés usados para precaverse de sus mordeduras.

No conozco sino pocos casos en que estos animales sean objeto de prácticas supersticiosas.

Cuando se encuentran dos juntas se aprovechan para el juego, como veremos.

Existe, sin embargo, un juego que aún se practicaba en San Cosme en la época de estos apuntes; parece corresponder a una antigua ceremonia cuyo significado habría que rastrear; apunto sólo el dato. Este juego consiste en tomar viva una serpiente de cascabel o de la cruz —que son las más temibles—, se les ata bien la boca, para que no puedan morder, y sobre la cabeza se ata también un premio en dinero: uno o dos pesos.

El que desea obtener el premio necesita retirar el dinero de la cabeza de la víbora sin hacer movimiento involuntario alguno al ser agredido por la serpiente. Huelga decir que muy pocos son los que pueden conservar su sangre fría al recibir la atropellada del reptil. Difícilmente matan a las víboras, cuando viajan, porque temen tener contrariedades[1].

V. La hormiga de Corrección[2]

Una noche, hallándonos comiendo en una casa de Tacurú Pucú, sentimos un inusitado tropel de ratones por el techo y vimos caer unas cucarachas y grillos sobre la mesa; inmediatamente corrió el grito: "¡La Corrección! ¡La Corrección!", y todos salimos afuera.

Un inmenso ejército de hormiguitas había invadido la casa por un costado y avanzaba amenazador, sin que nada lo detuviese, recorriéndolo todo. Los gritos de los ratones se oían más seguidos y continuamente percibíamos el ruido de algún cuerpo que caía desde el techo: cucaracha, grillo, araña, etcétera.

[1] Igual creencia tienen si encienden un nuevo fuego en un fogón antiguo.

[2] En la obra del doctor Holmberg, *Viaje a Misiones*, pág. 228, se hallan datos interesantes sobre este animal. (Consúltese el apéndice de esta edición.)

Aquel bochinche diminuto, que debería ser terrible con un micrófono, aumentaba; parecía una ciudad tomada por asalto; las hormigas en masas compactas subían, bajaban, lo registraban todo en su marcha, y ¡ay del animal que encontrasen por delante!: miles se le prendían en las patas, en el cuerpo, en la cabeza, por todo, mordiéndolo con furor.

Aquella avalancha liliputiense era inexorable, limpiaba y seguía limpiando de huéspedes incómodos.

Una hora después, el ejército abandonaba la plaza conquistada, para empezar en otra su tarea benéfica. Tuvimos suerte, porque si nos agarra en cama, hubiéramos debido necesariamente escapar en paños menores.

Allí dicen que si el hombre no se mueve mientras la Corrección le pasa por encima, no lo muerden; pero, ¿quién puede resistir impasible aquella cosquilla sombría de miles de hormigas que durante un cuarto de hora se divierten en pasearse por el cuerpo, por la cara, por el pelo, etcétera? Se necesitaría tener no sólo sangre de pato sino también ausencia completa de sensibilidad en la piel.

Muchas personas, cuando encuentran la hormiga de Corrección la convidan para que pase por sus casas, para que las limpien; algunos lo hacen en versos, como éstos:

Hormiguitas, hormiguitas,
pasen por casa juntitas
para limpiar los rincones
que están llenos de bichos y ratones.

Y aseguran que la Corrección acepta la invitación y pronto se aparece en la casa a prestar sus servicios.

Otros, por el contrario, creyéndolas inútiles y por evitarse el fastidio de tener que saltar de la cama a deshoras de la noche, rodean la casa con ceniza o, cuando las encuentran, hacen una cruz delante de ellas, en el suelo.

Lo cierto es que una vez que se retiran, dejando la casa sin bichos, no se puede cantar victoria, porque los fugitivos, pasado el peligro, vuelven a ocupar sus puestos de costumbre.

VI. Supersticiones relativas a las faenas rurales

La vida rural está sujeta a un gran número de supersticiones y prácticas supersticiosas, que se siguen con más o menos fe según las mayores o menores condiciones de alejamiento de los centros poblados y el carácter étnico del personal de peones que actúan en ella.

El peón del Alto Paraná, paraguayo o correntino, es uno de los mejores que conozco, sin entrar a juzgar sus condiciones personales, que pueden ser a veces pésimas; posee, en cambio, una admirable adaptación a los más variados trabajos, casi todos muy penosos; generalmente es excelente jinete y hasta domador, buen trabajador con el hacha en los obrajes de maderas, buen peón para lidiar con tropa de mulas y con carretas de bueyes; yerbatero eximio en cualquiera de las múltiples faenas que se requieren en esta explotación y, por fin, nadador, constructor de balsas con el agua hasta el pecho, y navegante por ese río lleno de peligros, entre mil piedras, correderas y remolinos.

Y ante todo esto, sonriente siempre entre las mayores penurias, plagas de insectos y necesidades sin fin.

Estos hombres, que constantemente tienen que hallarse cara a cara con el peligro siempre renovado entre esas selvas casi vírgenes, ríos torrentosos, fieras, enfermedades y asechanzas de todo género, y que después de todo ese vía crucis no tienen más compensación que el alcohol, el juego o la Venus barata, no pueden menos que ser en extremos supersticiosos.

Como la vida es por fuerza nómada, cambiándose de campamento de tiempo en tiempo, o en las estancias se trae ganado de otras partes, una de las primeras operaciones es la de aquerenciar los animales. Hay varios sistemas para ello.

Si se trata de vacas, lo mejor es cortarles un mechón de pelos de la cola y enterrarlos en la tranquera del corral. Si son caballos de afuera, ponerles una trenza de su misma crin, untada con grasa de gallina; es creencia que la gallina se aquerencia en cualquier parte. Si el caballo es entero, al evirarlo enterrar los órganos extraídos en la puerta del corral; si se le evita esta operación, se le arranca una cerda, se coloca dentro de un caracol, se tapa con cera virgen y se entierra en la misma parte. Si es un perro no hay nada mejor que envolverle la cabeza con camiseta o calzoncillos del patrón.

A los pollos, para preservarlos de las pestes, el remedio es colocar en la cocina cáscaras de huevo de la nidada en un platito.

Si se carnea, hay muchas personas que no comen la carne el mismo día porque creen que necesita más de veinticuatro horas para estar muerta del todo. Si la víctima ha sido un ternero, es necesario que la vaca madre no lo extrañe; para esto basta con golpearla desde lejos con la pata del hijo.

Como es muy frecuente que los animales se lastimen entre el monte, y por lo tanto se agusanen las heridas a causa de las moscas, la curación se hace por medio de ceremonias o palabras. He podido recoger dos. Una de ellas consiste en hacer un nudo corredizo con una paja y mirar al sol por el agujero hecho así, ir cerrando éste poco a poco mientras se reza un padrenuestro y luego tirar hacia atrás la paja anudada. Esta operación es necesario repetirla tres veces.

El segundo método es brasilero y se efectúa con tres pajitas del mismo tamaño que se colocan en la boca, una al frente y las otras dos divergentes en las comisuras de los labios. Se van arrojando una a una hacia atrás, repitiendo cada vez las siguientes palabras, que son un conjuro:

Bicho que estáis en esta bichera
que a Deus no alabáis
morto seráis.

Los domadores tienen también sus prácticas; muchos acostumbran a poner en el mango del rebenque un hueso del pescado raya; otros usan llevar en el bolsillo derecho del pantalón un trozo de piedra imán, porque creen que al volear la pierna sobre el lomo del animal, éste, bajo el influjo de la piedra, queda dominado.

El jinete que quiera domar y no caerse del caballo debe levantarse muy temprano, y cuando sale el lucero cebar bien un mate y ofrecerlo con buena voluntad a una persona anciana del sexo masculino; luego que lo ha tomado, se saca la bombilla y vuelca la yerba, haciendo corcovear el mate, porque así corcovea el caballo.

Una vez hecho esto, se saca con el dedo la yerba que no ha caído y que siempre queda pegada al mate, para refregarse con ella las piernas, montando inmediatamente, seguro de no caerse. No deja de ser interesante esta comparación entre el mate y el caballo, y entre la yerba y el jinete; es una ceremonia de magia simpática.

Para enlazar animales sin errar tiro de lazo se debe raspar con el cuchillo la punta de una mano de mortero que sea de madera de alecrín. Luego se mezclan las raspaduras con cera bendita y se coloca el todo en un trapito, en el remate del lazo, donde se ata la argolla. Pero aún hay otro payé mejor para el lazo, aun cuando su preparación es algo difícil.

Al efecto, el jueves santo, hay que buscar y elegir una palma pindó y limpiar el terreno alrededor del tronco, pidiéndole al mismo tiempo que no haya animal que al ser enlazado no caiga al suelo.

Al día siguiente, viernes santo, bien de madrugada, antes de que se oiga el canto del gallo, se extrae al pindó un trocito de la raíz, del lado que sale el sol primero, y luego se repite la operación del otro lado, curando las heridas con bermellón y cera virgen cruda, reservándose una parte de esta mezcla.

Luego el hombre debe ir solo a enlazar y voltear un padrillo —cosa muy difícil— y una vez en el suelo pedirle cariñosamente fuerza para casos análogos, cortándole, al mismo tiempo, un poco de la crin de la cruz para mezclarla con la cera cruda, el bermellón y los pedacitos de raíz de pindó, para colocar todo envuelto en un trapito en la argolla del lazo.

El lazo hecho con este payé no sólo no yerra tiro sino que no hay animal, por fuerte que sea, que no se le venza.

Es tan fuerte el payé que si se deja el lazo olvidado en el corral y el dueño se aleja, el lazo lo sigue, sobre todo a la hora de la siesta, porque siente el sol; llegando el lazo a las casas, penetra solo en el galpón y se arrolla automáticamente.

Como es natural, estos lazos no existen, pero en las consejas populares se asegura que famosos domadores o enlazadores los han tenido.

VII. Supersticiones relativas al juego

El juego, como he dicho, está profundamente arraigado y forma parte de la vida de esa gente; muchas veces juegan pequeñas cosas porque no tienen más: pilchas de ropa, tabaco de mascar, etcétera.

Como no se resignan fácilmente a dejar todo librado a la suerte ciega, tratan siempre de ganar, echando mano de todos los medios ilícitos posibles, que en esa curiosa mentalidad supersticiosa toman el carácter de simple viveza.

Si dos peones trabajan en el monte en el corte de madera y cruzan una apuesta es seguro que, por lo menos, uno de ellos ha colocado en el ojo del hacha un poco de piedra imán (Curundú), en la creencia de que lo ayudará a vencerlo, renovándole las fuerzas hasta que el otro se aburra y deje el campo.

Si se trata de riñas de gallos, harán tragar un poco de azogue al preferido; si no lo pueden conseguir, rasparán el reverso de un espejito para dárselo.

Muy poderoso talismán es fabricar el bebedero del gallo de riña con madera de la astilla del árbol que más lejos haya sido arrojada al ser fulminado por un rayo.

Si se hacen empollar los huevos sobre bosta de mula también será bueno; y si desea que el gallo tenga pelos en las patas no habrá más que hacerlos empollar sobre algodones.

En las carreras de caballos es excelente el procedimiento de cortar los pelos de las ranillas de las patas del caballo contrario, para que pierda fuerzas y no pueda ganar; esto recuerda un poco la leyenda de Sansón, y quizá por analogía crean que el medio es eficaz.

Para hacer perder al caballo, se le arranca una cerda de la cola y con ella se manea un sapo, el que se entierra vivo en el andarivel donde aquél debe correr.

Para el juego de cartas hay muchos sortilegios, desde velar durante una noche el naipe hasta untarse los dedos con piedra imán antes de cartear.

Otros, el jueves santo entierran en un lugar retirado parte del naipe, a las doce de la noche, y vuelven a recogerlo a la misma hora del día siguiente, viernes santo; creen encontrar entonces en el mismo lugar a "alguien" que les dirá cuál será la suerte que tendrá ese año en las jugadas.

Si un jugador al ir a jugar se encuentra en un camino dos caracoles juntos, o dos víboras en igual caso, aprovechará para extender un pañuelo de seda nuevo, de manera que esos animales crucen por encima de él; logrado esto, levantan las cuatro puntas colocando dentro un naipe nuevo y atando en una de esas puntas el dinero destinado a jugar.

Un gran payé es el del caballo que debe ser de color uniforme (tapado), sin ninguna pinta de color blanco; para ponerlo en condiciones hay que hacerle ayunar tres viernes seguidos. Al amanecer del último sábado le liman un poco los dientes de adelante y mezclan lo extraído con cera virgen, raspaduras de un naipe y bermellón, con lo que hacen una pelotita que guardan secretamente en su persona.

Al ir a jugar van montados en este animal que les dará suerte mientras coma, para lo cual el jugador va acompañado de un amigo que se encarga de mudar constantemente de pasto al animal para que no interrumpa su comida y con ello la suerte de su dueño.

A pesar de estos payés otros jugadores se precaven tratando de saber si tendrán suerte o no, para lo cual encienden simultáneamente dos mechas de algodón, iguales, y ven cuál es la que se consume primero; o si no, hacen elegir, por medio de un niño inocente, una entre dos monedas, también iguales.

VIII. Supersticiones relativas a los vegetales

También los vegetales pagan su tributo a la superstición popular.

La yerba mate es reputada como árbol santo, y ya hemos visto que su madera es buscada para fabricar santitos payés, etcétera, para ser buenos jinetes y para otras cosas.

Los indios cainguaes tienen fama de tener adivinos. Éstos toman la yerba canchada, la ciernen con un cedazo, la colocan sobre un banco y la queman, mientras que, cubiertos con un gran lienzo, aspiran el humo; así empiezan a hablar, prediciendo el porvenir.

Para esta operación es menester que el día sea sereno y haya buen sol.

Más adelante, al tratar de los fantasmas del bosque de este folclore, veremos la importancia que tiene la yerba, a punto de tener su personaje místico especial.

La higuera y el banano tienen *póra*, es decir, se cree que en ellos hay como incrustada una especie de alma o fantasma, que de vez en cuando produce quejidos; para no oírlos se prefiere tener estas especies lejos de las casas.

Al banano le han creado una leyenda igual a la del negrito del pastoreo; dicen que es el alma de éste la que se queja, al reventar y dar su fruto.

Dicen que en las plantas de banano hay machos y

hembras; cuando alguna no da frutos la hacen abrazar con un hombre para que dé.

De la higuera dicen que florece en viernes santo y da sólo una flor; como ésta es un gran payé, conviene recogerla. Para ello es necesario ir solo con una sábana a las doce de la noche, porque a esa hora cae al suelo; pero el hombre debe ser muy valiente, pues tiene que pelear por su posesión con seres invisibles que lo tironean de la sábana y le hablan a través de porongos o mates para asustarlo.

También el amambay florece en viernes santo y en Nochebuena; pero sólo la primera flor es payé, y para obtenerla es necesario ser muy rápido y estar con la vista fija, para poder tomarla en cuanto abre la flor, pues hay muchos seres y animales que están también en acecho y hay que ganarles el tirón.

Para salvar la mandioca de las heladas es bueno proporcionarse un contra, que es una rama de la misma planta cortada en viernes santo.

Para obtener buenas cosechas, se tira en las encrucijadas de los caminos que van a los ranchos, chala de maíz y cáscaras de maní.

Hay un maleficio llamado *caraguatay*, que parece es empleado en las venganzas por cuestiones sexuales: abandono del amante o despecho de rechazados.

Felizmente, es muy raro. En el Paraguay hay un dicho muy antiguo: *Ombú caraguatay*, es decir: le han aplicado el caraguatay.

Su origen debe ser indígena; como dato es muy importante, pues recuerda otro procedimiento parecido, usado en Java por las mujeres abandonadas[1].

---

[1] En Java, los blancos casados con malayas no pueden volver a Europa. He aquí lo que cuenta el viajero Désiré Charnay:

El caraguatay es una planta parecida a un pequeño cardo; su traducción sería pequeño caraguatay, que es una bromeliácea espinosa. La conseja popular dice que aunque parezca planta no lo es, sino un conjunto de gusanos diminutos, que mantienen a su alrededor la tierra seca y estéril. Es muy peligroso recogerlos; hay que colocarse en favor del viento y volcarlos sobre un papel con la hoja de un cuchillo; luego se dan a la persona a quien se quiere hacer daño, mezclados en cualquier comida o bebida, pues son tan pequeños que aislados no se ven. A la víctima, al tiempo de haberlo ingerido, se le producen llagas en distintos puntos del cuerpo y muere en medio de dolores atroces.

En Java, según Molins, se usa como veneno el pelo

"Si ha violado la interdicción, la venganza se cernirá sobre él, implacable: no logrará evitarla y, desde entonces, quedará indefenso contra ella. Es la obra del veneno bajo todas sus formas, un veneno lento, desconocido, que no deja rastro alguno.

"Si el hombre parte, la mujer no muestra ni desesperación ni cólera; su dolor, como su resentimiento, es silencioso. Una vez en marcha, el marido experimenta un malestar, adelgaza; las digestiones se tornan dificultosas, su delgadez aumenta, se pone hético, es un cadáver.

"El médico llamado en su auxilio no reconoce nada en tan extraña enfermedad, sus recetas son vanas. El estado del enfermo empeora; tres meses, seis meses, lleva una existencia dolorosa sin que un accidente cualquiera venga a iluminar al médico; luego, finalmente, se forman tumores en los flancos, en el abdomen, en los pulmones, y el enfermo fallece en medio de dolores intolerables. ¿Dónde está el veneno? ¿De dónde procede la enfermedad? Del bambú. El bambú es una caña que parece de las más inofensivas; sí, pero, bajo las vainas que guarnecen cada nudo de su tallo, tiene una infinidad de pequeñísimos dardos imperceptibles, polvillo de flechillas aceradas, que la mujer ha sabido mezclar con los alimentos del marido antes de su partida. Estos dardos han invadido el organismo, penetrando en los pulmones, deteriorando el estómago o perforando los intestinos; los abscesos no son más que el resultado final de la introducción de cuerpos extraños en el cuerpo". (Tour de Monde, *Seis semanas en Java*, 1880, París).

corto y negro que rodea el nudo del bambú verde y que produce el resfrío incurable, la bronquitis crónica o la tisis pulmonar, según vaya a establecerse en las fosas nasales, bronquios o pulmones.

Es muy singular que en el folclore americano se halle un sinónimo de esta costumbre malaya; tenemos otras coincidencias curiosas, como el uso de la cerbatana y flechitas venenosas del mismo tipo, los trofeos de cabezas de enemigos, etcétera.

IX. Supersticiones terapéuticas

La medicina de la campaña parte del aforismo popular de que los remedios de botica pierden su eficacia fuera del pueblo; por eso, en el campo hay que recurrir a otra clase de agentes terapéuticos.

Naturalmente, los payés son los remedios por excelencia; pero como la humanidad no se resigna fácilmente a esperar la acción sobrenatural sin la ayuda de algo positivo, tiene que satisfacer esa necesidad empleando una cantidad de sustancias, algunas por demás estramboticas.

No me he ocupado en recoger datos sobre el empleo de los vegetales, porque en su mayor parte están contenidos en la conocida obra del hermano Montenegro, y casi todos se usan sin carácter supersticioso, si exceptuamos la lima agria que sería un sanalotodo, siempre que fuera recogida a las doce de la noche de un viernes santo.

Los remedios animales son de lo más disparatado, lo que, por otra parte, no es de extrañar, puesto que en la farmacopea europea se empleaban otros muchos semejantes sin que se ruborizaran ni los que los ordenaban ni los que los expendían.

Algunos de los que aquí indico eran usados por los mismos españoles en la época colonial, como la pezuña del anta (*Tapirus Americanus*), que se tomaba raspada o pulverizada en forma de té en cualquier cocimiento aromático, ya fuera por el mal del corazón, ya para detener la hemorragia consecutiva de un parto.

Para esto último se tenían por muy eficaces las arañas que se encuentran almacenadas en los nidos de barro de la avispa albañil (*Pelopeus figulus*), conservadas en alcohol de caña.

Un barbijo o barboquejo de cuero de tigre cura las torceduras de aire del pescuezo.

Un emplasto de tres moscas pisadas con cera virgen hace madurar la parte donde se ha introducido una espina, facilitando, por lo tanto, su extracción.

El cuero del ratón, pelado y fresco, aplicado a una herida de bala, permite la extracción de ésta; pero el gran remedio es tener una "contrabala", formada por un objeto similar de cera virgen con la punta de asta de toro.

El mismo cuero de ratón puede servir para hacer correr un tumor de un lado a otro, y los polvos de este animal asado son excelentes para el empacho.

La mordedura de serpiente se cura cortando el grueso de la cola de ésta y aplicando la carne viva sobre la herida: la carne se pone verde por la absorción del veneno. Este remedio es usado también por los indios vilelas, del Chaco.

Nada diré del empleo de las grasas de los diferentes animales, tan difundido en todas las poblaciones rurales y en la terapéutica colonial, tan amiga de untos y de emplastos; sólo apuntaré que la grasa de cuervo negro (*Cat-*

hartes urubitinga), el ave basurera por excelencia, que tiene un olor imposible, sirve para friccionar a los variolosos.

A estos pobres enfermos se les administra también brebajes conteniendo el famoso azúcar del campo, o excremento blanco de perro.

Para precaverse de esta enfermedad se aconseja a los sanos vacunarse directamente con la pústula de los enfermos o acostarse a su lado.

Contra las epidemias, es muy común en Misiones, como en el estado de Río Grande del Sur, ver sobre los ranchos y las puertas de los corrales pequeñas cruces de madera, que son colocadas allí como preservativos de las epidemias, tanto en las personas como en los animales.

X. La bendición, el compadrazgo y la leyenda del mboi-tatá (Víbora de fuego)

En mis viajes por la región misionera observé, principalmente en el Paraguay, en muchas casas en donde posábamos, una costumbre harto fastidiosa y sobre todo incómoda: me refiero a la de pedir la bendición, cuya exageración la va haciendo ridícula.

A los padres, abuelos, padrinos, tíos, hermanos mayores, personas ancianas y viajeros, las criaturas y muchas que no lo son, piden la bendición con las manos juntas y la cabeza descubierta.

Si sólo se concretaran a pedirla, no sería nada, pero algunos llevan su respeto al extremo de rezar antes un rato delante del candidato y luego piden la dichosa bendición. Y la bendición se pide al levantarse, antes y después de comer o almorzar y, finalmente, al irse a acostar, de manera que a veces es insoportable.

En una casa, como tenía la mano derecha ocupada con el mate, impensadamente eché una bendición con la otra, acompañada de la frase consagrada: "Dios te haga un santo". No lo hubiera hecho así; rápidamente cundieron, con aire de asombro y disgusto, estas palabras: "¡Le ha echado la bendición con la izquierda!"

Reflexioné, y para no dejarlos con la espina, llamando a la criatura otra vez, hice que volviera a pedírmela, y con mucha seriedad con la mano derecha volví a dársela, con tanta maestría, que la familia quedó muy satisfecha. Nunca me lo habrían perdonado si no hubiera vuelto sobre mis pasos.

Para pedir la bendición, no se hace cuestión de edad; hay hombres con tamañas barbas que no tienen inconveniente en pedirla. Más aún: he visto a un brasilero, peón de yerbales, que por el solo hecho de que el señor Manuel Romero, mi compañero de viaje al interior de Tacurú, era hijo de su padrino de casamiento, le vino a pedir delante de mí la bendición, lo que no dejó de sorprender a ambos.

Si a un padrino de bautismo el ahijado no le pidiese la bendición, cosa muy rara, sería lo suficiente para que hubiera un gran disgusto entre los compadres, por no haber sabido educar bien a su hijo.

El compadrazgo, entre aquella gente, tiene una gran importancia; es uno de los vínculos más sagrados que pueden unir a dos personas, y en muchos casos de la vida, allí, en medio del desierto, este lazo moral es lo único que puede oponerse al egoísmo innato tan desarrollado en las sociedades semiprimitivas.

En mi primer viaje a Misiones por el Alto Uruguay hice notar la gran afición que tienen los pobladores de la región misionera del Brasil al compadrazgo; entre ellos llega a la exageración, pues tratan, con una sola criatura, de tener un número considerable de compadres, valiéndose del siguiente procedimiento, bastante original por cierto:

Nace la criatura, y ya tiene sus padrinos señalados para que echen la primera agua, llamada del Socorro; pero si éstos no pueden asistir al acto y se hacen representar, no sólo no pierden sus títulos de padrinos, y por lo tanto de compadres, sino que los representantes, a su vez, los adquieren, de modo que ya serían cuatro padrinos; pero si éstos a su vez son casados, las respectivas esposas o consortes también adquieren esos títulos, de manera que, sólo para el agua del Socorro, tendría la criatura, en este caso, cuatro padrinos y cuatro madrinas; total, ocho.

Para el verdadero bautismo el caso es igual: otros ocho; ya son diez y seis. Para la confirmación, la mitad u otro tanto, de manera que un padre aficionado a los compadres puede tener hasta veinticuatro por hijo, lo que es una suma respetable.

Cuando el compadre es celoso de su título y tiene medios a su disposición, a veces se hace cargo, aun en vida de los padres, de la educación del ahijado; pero, en general, rico o pobre, él es el que paga la fiesta del bautismo, y de cuando en cuando, según sus posibilidades, le hace regalos de ropa, etcétera.

Entre compadres no es permitido, y se reputa grave falta, el pronunciar palabras obscenas, y si alguno lo hace inconscientemente debe pedir disculpa al otro, so pena de un disgusto serio a causa de hacer poco caso del sacramento sagrado que los une.

Aún más: un compadre puede exigir del otro lo que no se puede conseguir por otros medios, como, por ejemplo, el hacerle abandonar una pulpería estando borracho o que cese una riña que puede concluir en puñaladas, etcétera, sin mengua de su honor, puesto que el sacramento está sobre todo.

Hechos de esta naturaleza he observado muchos, y gracias a esto las comadres cuyos maridos son algo aficionados a Baco o al juego, y pasan varios días fuera de casa, van a empeñarse con los compadres para que, validos de su influencia, los reconduzcan al hogar.

El respeto y la protección de los compadres es mutuo y nunca uno de ellos permite que en su presencia se hable mal del otro sin defenderlo por todos los medios, aun arriesgando la vida. Para conservar los respetos que se deben entre compadre y comadre, y teniendo en cuenta la fragilidad humana, existe la previsora leyenda del *Mboi-tatá* (víbora de fuego), que se reduce a lo siguiente:

Si los compadres, olvidando el sacramento sagrado que los une, no hicieran caso de él, faltando la comadre a sus deberes conyugales con su compadre, de noche se transformarán los dos culpables en *Mboi-tatá*, es decir, en grandes serpientes o pájaros que tienen en vez de cabeza una llama de fuego. Éstos se pelearán toda la noche, echándose chispas y quemándose mutuamente hasta la madrugada, para volver a comenzar la noche siguiente: y así *per secula seculorum*, aun después de muertos.

No sé hasta qué punto temerán algunos compadres al *Mboi-tatá*.

CAPÍTULO 2

FANTASMAS DE LA SELVA MISIONERA

I. La Caá-Yarí (Abuela de la Yerba)

Esta interesante leyenda, india en su origen y modificada después, en la época de la dominación jesuítica, es exclusiva de los yerbales paraguayos y sus protagonistas son los mineros[1].

Gran parte de ella la debo a la amabilidad de mi particular amigo don Eloy Rodríguez, yerbatero de Tucurú Pucú (costa paraguaya del Alto Paraná), y su complemento lo he recogido en los yerbales, de boca de los mineros, los que tienen por esta leyenda un gran respeto supersticioso; no ha sido poco el trabajo que me ha costado poder reunirla a fuerza de trozos dispersos, usando de mucha paciencia.

Dios, acompañado por San Juan y San Pedro, bajó a

---

[1] Minero es un término yerbatero, empleado en el Paraguay, que sirve para indicar a los peones que van directamente al monte a desgajar las plantas de yerba mate y a esta operación se la llama trabajo de mina.

la tierra y se puso a viajar. Un día, después de una jornada penosa, llegaron a casa de un viejito, padre de una hija joven y bella, a quien quería tanto que para que se conservara siempre inocente fue a vivir con ella y su mujer en medio de un bosque espeso, en donde aún no había penetrado hombre alguno.

El viejito era sumamente pobre; pero, a pesar de eso, tratándose de forasteros, los hospedó lo mejor que pudo, y mató en su obsequio la única gallina que tenía y se la sirvió de cena.

Al ver esta acción, y cuando quedaron solos, Dios preguntó a San Pedro y San Juan qué harían ellos en su lugar, a lo que contestaron ambos que premiarían largamente al viejito.

Dios, entonces, lo hizo llamar, y le dijo estas palabras: "Tú que eres pobre has sido generoso; yo te premiaré por esto. Tú posees una hija que es pura e inocente y a quien quieres mucho; yo la haré inmortal, para que jamás desaparezca de la tierra".

Y Dios la transformó en la planta de la yerba mate, y desde entonces la yerba existe, y aunque se corte vuelve a brotar.

Pero los mineros dicen que en vez de transformarla en yerba, la hizo dueña de la yerba, y que existe aún en los yerbales, ayudando a los que hacen pacto con ella.

El minero que quiere hacer pacto con la Caá-Yarí espera la semana santa y si está cerca de un pueblo entra en la iglesia y promete formalmente que vivirá siempre en los montes, se amigará con ella, jurando al mismo tiempo no tener trato alguno con otra mujer.

Hecho este voto, se encamina al monte, depositando en una mata de yerba un papel con su nombre y la hora en que volverá para encontrarse con ella.

El día de la cita, el minero debe tener gran presencia

de ánimo, pues la Caá-Yarí para probar su valor, antes de presentarse, lanza sobre él víboras, sapos, fieras y otros animales propios del monte, sin otro objeto que el de probarlo.

En recompensa de su serenidad, se aparece la Caá-Yarí, joven, hermosa y rubia. Entonces el minero renueva sus juramentos de fidelidad y desde aquel día, cuando va a cortar yerba, cae en dulce sueño, durante el cual la Caá-Yarí le prepara el rairo[1] con dieciocho a veinte arrobas de peso, acompañándolo al despertar y ayudándole a sostenerlo por detrás, hasta llegar a la balanza. Como la Caá-Yarí es invisible para todos, menos para él, se sube sobre el rairo, aumentando así su peso al entregarlo. De esta manera la ganancia del minero es mayor, pues trabaja a tanto la arroba.

Pero, ¡pobre del minero que le sea infiel con otra mujer! La Caá-Yarí despechada no perdona, mata.

Y cuando algún minero guapo muere en los yerbales de cualquier enfermedad, si él ha sido de carácter taciturno, los compañeros le susurran al oído: "Traicionó a la Caá-Yarí. La Caá-Yarí se ha vengado"[2].

Esta leyenda, mezcla de profano y de sagrado, salta a la vista que, en su origen, no debió ser así, pues la primera parte ha de haber sido agregada posteriormente.

El bosque se presta para las leyendas, y raros son los países en que él abunde y no posean algunas y hasta una misma se modifica muchas veces de provincia en provin-

---

[1] Rairo es otro término yerbatero, que sirve para indicar el paquete de hojas de yerba colocadas en una especie de red de cuero de forma cuadrada y que el minero lleva a la espalda, sujetándola con dos asas debajo de los brazos. Generalmente, pesa de ocho a diez arrobas, o sea ochenta a cien kilos.

[2] Inútil es decir que el que tiene pacto con la Caá-Yarí guarda el más profundo secreto.

cia. Así, por ejemplo, la de Caá-Yarí, en el Brasil toma el nombre de Caá-Porá, y sin variar el nombre sufre modificaciones considerables, según las distintas regiones.

La Caá-Yarí es uno de los tantos *genius loci* que, como la Caá-Porá, podrían pertenecer al mismo grupo de la Pacha Mama, o madre o dueña de los cerros y de la tierra que domina en la región montañosa de la República.

II. Caá-Porá (Fantasmón del Monte)

En la provincia de Río Grande del Sur, la Caá-Porá es también una mujer: la dueña de todos los animales del monte, una especie de Diana que, cuando el cazador le cae en gracia, le facilita los medios de encontrar la presa; y cuando no, detiene los perros, que garrotea invisiblemente, haciéndolos revolcar de dolor[1] y dando tiempo así a que la caza se ponga en salvo.

En la provincia del Paraná, Caá-Porá es un hombre velludo, gigantesco, de gran cabeza, que vive en los montes, comiendo crudos los animales que el hombre mata y luego no encuentra.

La imaginación exaltada de los montaraces ha de dar formas humanas a troncos de árboles retorcidos, secos, cargados de musgo y parásitos, que, colocados en ciertas condiciones de luz, favorecen la fantasía, como sucede en muchas leyendas europeas y asiáticas, en particular

---

[1] Los perros, al correr dentro del monte persiguiendo la caza, suelen a veces pisar un isipó rastrero espinoso, medio oculto entre las otras hierbas, que causa unas heridas muy dolorosas que les hacen lanzar agudos gritos. Tal vez sea esta la explicación de la garroteadura invisible.

del Japón, donde también se transforman los árboles en seres fantásticos.

En Goyaz, según me comunicó mi amigo el señor teniente del ejército brasileño Edmundo Barros, hijo de aquella provincia, los indios tienen también su leyenda sobre la Caá-Porá. Cuando encuentran una piara de cerdos silvestres y los exterminan, se les aparece, montado en el último cerdo, el Caá-Porá de la figura del anterior, a cuya vista los matadores quedan idiotizados para toda la vida, de modo que se guardan muy bien de acabar las piaras y siempre dejan algunos vivos. Esta última leyenda es muy sabia, porque trata de poner freno a la destrucción completa de un animal que les proporciona abundante alimento.

Para otros el Caá-Porá es también un hombre velludo que fuma en una pipa formada por un cráneo humano y una tibia, y devora a la gente chupándola, menos los intestinos que deja desparramados.

En otras personas, el Caá-Porá se transforma en simple Porá o fantasma que se aparece en el monte, ya sea en forma de cerdo o perro, y lanzando llamas por la boca, asustando así a los animales.

Otras veces es invisible, y en medio de una marcha manea a la mula, que se para temblando, sin poder seguir por un rato, mientras en el monte se oye como un tropel de animales que disparan.

He recogido también una leyenda que se refiere a la Caá-Porá; pero bajo el nombre de Petey, es decir, Uno.

Un gran cazador se separó de sus hijos y siguió entre el monte por un gran trecho, cuando sintió una voz que decía: Petey. Intrigado, empezó a buscar y se encontró con una especie de trozo de madera lleno de pelos, que venía rodando y no tenía forma definida, ni adelante ni atrás. Apenas tuvo tiempo de trepar a un árbol dejando caer la lanza que llevaba; el Petey se quedó al pie del árbol y nuestro hombre no se atrevió a bajar.

Como no volviera a su casa, uno de sus hijos, también muy valiente, lo buscó al rastro, hasta que se acercó al árbol donde estaba su padre, quien al verlo le gritó que no podía bajar porque estaba el Petey.

El hijo le dijo que sería Porá (visión o fantasma); pero el padre le respondió que el Petey era un animal feroz.

Diciendo el hijo que estaba dispuesto a pelear con el mismo diablo, atropelló al Petey, a quien atravesó de un lanzazo, dejándolo muerto. En seguida, lo abrió y encontró que tanto el corazón como todo el interior del Petey estaba cubierto con pelos.

El viejo y el muchacho eran grandes cazadores de cerdos jabalíes (*Dicotyles tayazú*) y en algunas cacerías se les habían escapado muchos heridos, sin poderlos capturar.

Ambos, al regresar del suceso del Petey, se extraviaron por el monte; ya con hambre, a los tres días llegaron al rancho de un viejito que estaba dando de comer a unos lechoncitos.

Le pidieron de comer y el viejito les contestó que él era el dueño de los cerdos y que se los iba a juntar, para lo cual tocó una flautita y todos acudieron a este llamado.

Cuando estuvieron reunidos, les hizo elegir el más gordo, recomendándoles que no le lastimaran los cerdos inútilmente y que en adelante sólo mataran los necesarios para su sustento, pues harto trabajo tenía en criarlos para que todos los hombres pudieran aprovecharlos[1].

En seguida, como nuestros hombres andaban perdi-

---

[1] Compárese esta leyenda con las similares del Llastay con las vicuñas de folclore calchaquí y se verá que obedecen al mismo principio de la conservación de las especies animales.

dos, preguntaron al viejito qué camino debían tomar para llegar a sus casas, y él les mostró dos caminos: uno seguía para sus ranchos y el otro a un potrero, recomendándoles que no siguieran este último porque allí se hallaba *Mboi-moné*, que era una serpiente negra muy peligrosa.

A pesar de esta advertencia erraron de nuevo el camino y salieron al potrero, aunque se acordaron a tiempo y dieron vuelta antes de ver a la serpiente. Sin embargo, por el solo hecho de salir al potrero, murieron todos, hasta los perros.

III. La leyenda del Ahó-Ahó

A don Patricio Gamon, respetable vecino del pueblo de San Lorenzo o Güirapaí, sobre el Alto Paraná, debo la siguiente leyenda de los indios de las misiones jesuíticas de Jesús y Trinidad, que florecieron en el Paraguay.

Según ellos, el Ahó-Ahó era un animal terrible, parecido a la oveja, con grandes garras, y que devoraba sin piedad a las personas que encontraba en el monte.

La única salvación que había contra este terrible monstruo era el subirse a una palmera, pues era árbol sagrado del calvario. Cualquier otro árbol era cavado por el Ahó-Ahó con sus potentes uñas y el que había trepado sobre él era devorado inmediatamente.

No hay para qué decir que esta leyenda es de origen jesuítico y que tenía por objeto impedir que los indios salieran fuera del radio que tenían marcado en las reducciones respectivas, a fin de que no desertasen, se perdieran en el monte, se los comiera algún tigre, que entonces eran abundantes, o fueran víctimas de los otros indios salvajes, que no dejaban de merodear por los alrededores de las misiones.

En cuanto a lo de la palmera, también tiene su razón, pues son árboles muy delgados, muy altos y difíciles de trepar, de modo que los indios no debían de tener mucha fe en esta ancla de salvación.

Don Patricio Gamon me ha referido también que hasta su tiempo, ahora unos cuarenta y cinco años[1], se había conservado esa leyenda entre los habitantes de allí, de modo que una vez se vio en serios apuros para poder seguir más adelante, en una expedición de carácter militar, porque al llegar al salto del arroyo Nacunday, los indios que lo acompañaban no querían continuar viaje y se excusaban gritando: "¡El Ahó-Ahó! ¡El Ahó-Ahó!"

No está de más hacer observar que algunos datos de esta leyenda se encuentran en el cuento del Petey, a que nos hemos referido. Ya en él también, trepándose al árbol, se salva el hombre de ese monstruo informe y velludo que resulta ser igualmente un animal feroz.

IV. El Yasy-Yateré

Hallándome en un galpón de yerbateros, situado cerca del arroyo Itaquirí, en el interior de la jurisdicción de los yerbales de Tacurú Pucú, de mañana, al levantar-

---

[1] Hace más de veinte que yo, personalmente, recogí estos datos de manera que desde los tiempos de don Patricio hasta hoy han pasado más de sesenta y cinco años.

me, supe que las mujeres de aquel lugar no habían podido dormir la noche anterior, pues habían oído silbar al Yasy-Yateré.

No conozco el pájaro que, con su canto, remeda estas palabras. A pesar de todos mis esfuerzos y averiguaciones no he podido ni siquiera dar con su descripción; unos dicen que es del tamaño de una paloma y de plumaje parecido al de las gallinas guineas; otros, en cambio, me han asegurado que es pequeño y de color oscuro, etcétera, de modo que reina aún entre aquella gente una gran confusión respecto de él.

Acerca de este pájaro corre una leyenda muy dividida, no sólo en el Paraguay sino también en la provincia de Corrientes; creo que también ésta es de origen guaranítico, pues no existe en otros puntos.

Según cuentan, no es un pájaro el que silba de ese modo, sino un enano rubio, bonito, que anda por el mundo cubierto con un sombrero de paja y llevando un bastón de oro en la mano.

Su oficio es el de robar los niños de pecho, que lleva al monte, los lame, juega con ellos y luego los abandona allí, envueltos en isipós (enredaderas).

Las madres desesperadas, al notar su falta, salen a buscarlos y, guiadas por sus gritos, generalmente los encuentran en el suelo; pero desde ese día, todos los años, en el aniversario del rapto del Yasy-Yateré, las criaturas sufren de ataques epilépticos.

Según otros, el Yasy-Yateré roba a los niños, no para lamerlos sino para enseñarles su oficio de raptor, y no falta también quien asegura que no sólo roba a las criaturas sino también a las muchachas bonitas, las que son a su vez abandonadas, y el hijo que nace de esta unión con el tiempo será Yasy-Yateré.

Esta última versión creo haya sido inventada para

61

justificar ciertos raptos, que no dejan de abundar por aquellas regiones. Si algún mortal puede arrancar al Yasy-Yateré su bastón de oro, adquiere por ese solo hecho sus cualidades de Tenorio afortunado.

A pesar de ser invisible el Yasy-Yateré, no faltan algunas personas que aseguren y juren haberlo visto en la forma descripta, cuando eran pequeñas.

Había tratado de averiguar el origen de esta leyenda, sin resultado, cuando la casualidad vino en mi ayuda. Conversando me contaron que, hace pocos años, estando acampado en el interior del Tacurú-Pucú un conocido yerbatero, una noche se levantaron sobresaltados por un ruido, notando inmediatamente la falta de una criatura de pecho que dormía en su cuna, mientras distinguieron el barullo de alguien que disparaba. Corrieron a ese punto y encontraron efectivamente la criatura en el suelo; al día siguiente vieron en ese lugar rastros humanos, y como andaban los guayaquís por allí, pronto se dieron cuenta de que había sido uno de esos indios el autor del secuestro.

La costumbre de los indios de robar criaturas y mujeres es, hasta cierto punto, general en todas las tribus y razas, que han considerado siempre a ambos como el mejor botín de guerra.

Además he sabido que, no hace mucho, un cacique cainguá pidió, queriéndoselo llevar, a un muchacho en un rancho, para enseñarle a ser cacique, dando sin querer con esto una prueba instintiva e inconsciente de selección de raza como elemento de superioridad.

Estos hechos demuestran, hasta cierto punto, que la leyenda del Yasy-Yateré debe tener su origen en ellos, ampliada y modificada, naturalmente, de un modo fantástico, por pueblos en que la naturaleza ayuda, en gran parte, a sobreexcitar sus cerebros ignorantes.

V. El Pombero o Cuarahú-Yara (Dueño del Sol)

Según me ha comunicado el agrimensor nacional señor Juan Queirel, en algunas partes de Corrientes tienen la leyenda del Cuarahú-Yara (dueño del Sol) o Pombero, que no es, a mi modo de ver, sino una modificación de la Yasy-Yateré, como la del Caá-Porá lo es de la Caá-Yarí.

El Pombero o Cuarahú-Yara es un hombre alto y delgado, que lleva un grandísimo sombrero de paja y una caña en la mano, y así recorre los bosques a la siesta, cuidando de todos los pájaros, pues es su protector.

Si a esa hora halla muchachos entretenidos en cazarlos los arrebata y se los lleva; de modo que las criaturas, por temor de él, no se alejan de los ranchos y sus padres pueden dormir tranquilamente la siesta, sin cuidado de que nada les suceda.

En el Chaco creen que el Pombero es un compañero invisible con el cual se puede hacer trato y así él acompañará a su amigo por todo y en todo, librándolo de peligros. Muchas veces, según sea necesario, puede aparecerse en forma de indio, de un tronco, de un camalote, de acuerdo con las funciones que deba prestar.

También silba como pájaro; en cambio, es necesario hablar muy poco y en voz baja de él y ofrendarle de noche, dejando fuera del rancho tabaco u otras cosas.

VI. El Curupí

Aún hay otro personaje, parecido a los anteriores, y que tiene semejanza más bien con el Yasy-Yateré: es el Curupí y, posiblemente, uno es transformación del otro.

El Curupí es un personaje de cara overa, fortacho y para algunos petiso.

Anda por el monte, casi siempre a la hora de la siesta; según otros, camina en cuatro pies y se caracteriza por poseer un desarrollo exagerado en su órgano viril que le permite enlazar con él a las personas que quiere llevar: cortando éste, el Curupí se vuelve inofensivo y se salva la persona enlazada.

Persigue generalmente a las mujeres que a esas horas van al monte a buscar leña y que sólo a su vista se vuelven locas.

VII. El Yaguareté-abá (El Indio Tigre)
Metamorfosis

El doctor Lafone Quevedo[1], al hablar de ciertas creencias actuales en la región noroeste de la República, dice:

"Hasta el día de hoy el pueblo bajo de todos aquellos lugares cree que muchos tigres (uturuncos) son hombres transformados y para ellos tiene algo de *non sancto* el que los caza; cuando la fiera llega a marcar, como dicen, a su cazador, parece que causa cierto placer a los que oyen o cuentan el lance".

Como puede verse, aquí hállase la metamorfosis del hombre en tigre.

---

[1] "Londres y Catamarca", cartas a *La Nación*, 1883-85, págs. 255 y 256, Imprenta y Librería de Mayo.

Si abandonamos la región occidental quichua-calchaquí y nos dirigimos hacia la oriental guaraní, veremos con sorpresa campear las mismas creencias respecto de estas curiosas metamorfosis, que se reproducen en la superstición y leyenda de idéntico modo[1].

Los cainguaes del Alto Paraná, cuando ven algún tigre cerca de una tumba, creen que no es más que el alma del muerto que se ha reencarnado en dicho animal, y no faltan viejas que con gritos u exorcismos tratan de alejarlos.

Los guayanás de Villa Azara creen también en la metamorfosis en vida de algunas personas; más de una vez han creído, al encontrarse con uno de esos felinos, que no era sino el alma de mi buen amigo don Pedro Anzoátegui, antiguo vecino de allí, a quien respetan mucho y por el que tienen cierto terror supersticioso hasta el punto de llamarlo Tatá aujá, es decir: el que come fuego.

Si a esto pudiera observarse que no es un dato rigurosamente etnológico, puesto que quizás hubieran mediado circunstancias especiales ajenas a sus creencias, como ser sugestiones, etcétera, no hay que olvidar que los guayanás actuales han heredado de los antiguos indios de las misiones guaraníes sus creencias supersticiosas, las que no han hecho otra cosa que revivir en este caso, como se verá más adelante, por lo que se refiere a las mismas.

En la provincia de Entre Ríos, habitada antiguamente por la nación minuana, se conserva también una leyenda, que he podido recoger, sobre la reencarnación del alma de un hombre en un tigre negro. Naturalmen-

[1] En la región intermedia de Santiago del Estero, el uturunco se convierte en el tigre capiango. Sobre la leyenda del Yaguareté-Abá se ha ocupado el autor, publicando las páginas que van anexas, a continuación de este capítulo. (*Nota de la Edición Castellví.*)

te, con el transcurso del tiempo esta leyenda se ha modificado mucho.

Cuentan los viejos que sobre la costa del río Gualeguay vivía un hombre muy bueno. Cierta noche fue avanzado por una partida de malhechores que lo asesinaron sin piedad para robarle. Poco tiempo después, de entre los pajonales del río, un enorme tigre negro salió al encuentro de uno de los malhechores que iba acompañado de otros vecinos, y dirigiéndose hacia él lo mató de un zarpazo, sin herir a los otros.

Este tigre negro, con el tiempo, concluyó por matar a todos los asesinos del finado, entresacándolos siempre de entre muchas otras personas, sin equivocarse, lo que dio margen a que se creyera que el tigre negro no era sino la primera víctima que así se transformó para vengarse de ellos.

Pero la leyenda antigua es la del Yaguareté-abá, exactamente igual a la de los hechiceros uturuncos, citada por el señor Lafone Quevedo.

En Misiones, Corrientes y Paraguay es fácil oír hablar de los Yaguareté-abás, los que creen sean indios viejos bautizados, que de noche se vuelven tigres, a fin de comerse a los compañeros con quienes viven o a cualesquiera otras personas. La infiltración cristiana dentro de esta leyenda se nota no sólo en lo de bautizado sino también en el procedimiento que emplean para operar la metamorfosis.

Para esto, el indio, que tan malas intenciones tiene, se separa de los demás, y entre la oscuridad de la noche, y al abrigo de algún matorral, se empieza a revolcar en el suelo, de izquierda a derecha, rezando al mismo tiempo un credo al revés, mientras cambia de aspecto poco a poco. Para retornar a su forma primitiva hace la misma operación en sentido contrario.

El Yaguareté-abá tiene al aspecto de un tigre, con la cola muy corta, y como signo distintivo presenta la frente desprovista de pelos. Su resistencia a la muerte es muy grande, y la lucha con él es peligrosa.

Entre los innumerables cuentos que he oído referiré el siguiente. En una picada cerca del pueblo de Yutí (República del Paraguay), hace muchos años, existía un feroz Yaguareté-abá, que había causado innumerables víctimas.

No faltó un joven valeroso que resolvió concluir con él, y después de haber hecho sus promesas y cumplido con ciertos deberes religiosos, se armó de coraje y salió en su busca. Algo tarde, se encontró con el terrible animal, a quien atropelló de improviso, hundiéndole una cuchillada. El Yaguareté disparó velozmente, siguiéndolo nuestro caballero matador de monstruos, por el rastro de la sangre, hasta dar con él a la entrada de una gruta llena de calaveras y huesos humanos roídos.

Allí se renovó la lucha, y puñalada tras puñalada, se debatían de un modo encarnizado, sin llevar ventaja. Ya le había dado catorce, por cuyas heridas manaba abundante sangre, cuando se acordó de que sólo degollándolo podía acabar con él. Con bastante trabajo, consiguió separarle fatalmente la cabeza del cuerpo, de conformidad al consejo que le habían dado, y sólo entonces pudo saborear su triunfo definitivo.

Nuestro héroe se habría evitado tanta fatiga si en cambio le hubiese disparado un tiro con una cuarta de chaira[1], como único proyectil.

[1] Útil de acero, usado para afilar los cuchillos.

En la imaginación infantil de los indios, el tigre, con su ferocidad, su cautela, sus ataques imprevistos y los estragos que su hambre causa, debió producir fenómenos curiosos de pensamiento.

El terror que infunde este terrible carnicero y las múltiples formas en que se presentan sus fechorías, siempre bajo variadas sorpresas, la mayor parte de las veces con seguro éxito de víctimas más o menos indefensas, trajo como consecuencia lógica el suponerle condiciones de intelectualidad superior entre los demás animales.

Y como sus actos de tigre son muy semejantes a los que los indios ejecutan en sus lides sangrientas, ya de caza o de guerra, nada más natural que lo comparasen, dándole por esta razón un origen humano en sus mitos y leyendas.

Los antiguos peruanos, al decir de Zárate (Agustín de Zárate, *Historia del descubrimiento y conquista del Perú*, libro I, capítulo X), creían que Pachacama (Pachacamac), cuando apareció por el lado del mediodía, transformó los habitantes de que estaba poblada la tierra, creados anteriormente por Con, en pájaros, monos, patos, osos, leones, loros y diversas clases de pájaros que hoy viven allí, con el objeto seguramente de dar lugar a nuevos habitantes que esta deidad creó seguramente por su voluntad.

Aunque este autor no lo diga, es de suponer que también los hubiera transformado en tigres, desde el momento en que cita a los dos felinos: el gato y el león, y además otro animal carnívoro como lo es el oso.

Si tomamos a Garcilaso (*Historia de los Incas del Pe-*

rú), encontraremos, en cambio, muchos indios que se creían, a su vez, descendientes de los tigres y otros animales, etcétera, como puede verse en el siguiente párrafo que se halla en su libro I, capítulo VIII:

"Y ciertamente, no hay indio que no se jacte con tan poco honor, que no se diga ser descendiente de la primera cosa que se le ocurra en su fantasía, como ser, por ejemplo: de una fuente, de un río, de un lago, de la mar, de los animales más feroces, como son los leones y los tigres, etcétera".

En esta creencia, como puede verse fácilmente, se da a dichos animales, como a los demás, un rol de procreadores, que supone la idea de la leyenda citada por Zárate.

Es fácil que, o Garcilaso, en su fanatismo cristiano oyera mal, o que, con los años y las nuevas doctrinas, esta leyenda hubiera comenzado a evolucionar o a dispersarse confusamente en los que la refirieron, como sucede muy frecuentemente en muchas otras.

De cualquier modo, aquí también tenemos la metamorfosis del tigre en hombre, fácilmente reducible a la de Zárate, más vieja: del hombre en tigre.

En los valles calchaquíes de la provincia de Catamarca y aun de Salta, los tigres infunden un terror supersticioso, no tanto por su ferocidad sino porque existe la creencia de que los uturuncos, como allí se los llama, son personas transformadas en estos carniceros, y como prueba de ello citaré los siguientes párrafos del distinguido americanista Samuel A. Lafone Quevedo, maestro en estas materias ("Londres y Catamarca", cartas a *La Nación* 1883-84-85, pp. 255 y 256, Imprenta y Librería de Mayo), al hablar de la fiesta del Chiqui: "Aquí me permito sugerir una razón porque el surí (avestruz) no contribuyese con su cabeza al sacrificio del Chiqui. Aquellos indios creían que tenían la facultad de tomar la forma de animales; sería por eso que respetaban al avestruz, surí o xurí, recelosos de que alguno de su gente pudiese hallarse a la sazón revestido del ave aquella.

"Hasta el día de hoy el pueblo bajo de todos aquellos lugares *cree que muchos de los tigres (uturuncos) son hombres transformados* y para ellos el que los caza tiene algo de *non sancto*; cuando la fiera llega a *marcar* como dicen, a su cazador, parece que causa cierto placer a los que oyen o comentan el lance".

Como puede verse, aquí háblase también de la metamorfosis del hombre en tigre, bien terminantemente explicada. Si abandonamos la región occidental quichuacalchaquí y nos dirigimos hacia la oriental, guaraní, veremos con sorpresa campear las mismas creencias con respecto a estas curiosas metamorfosis que se producen en la superstición y en la leyenda de idéntico modo.

Los cainguá del Alto Paraná, cuando ven algún tigre cerca de una tumba, creen que no es más que el alma del muerto que se ha reencarnado en dicho animal, y no faltan viejas que con sus gritos y exorcismos tratan de alejarlos.

Los guayanás de Villa Azara creen también en la metamorfosis en vida de algunas personas, y más de una vez han creído, al encontrarse con uno de esos felinos, que no era otro que mi buen amigo don Pedro de Anzoátegui, antiguo vecino de allí a quien respetaban mucho y por el cual tienen un cierto terror supersticioso hasta el punto de llamarlo Tata Aujá, es decir: "el que come fuego".

Si a esto pudiera observarse que no es un dato rigurosamente etnológico, puesto que quizás hubieran mediado circunstancias especiales ajenas a sus creencias, como ser sugestiones, etcétera, no hay que olvidar que los guayanás o guaraníes y que la herencia de sus supersticiones no ha hecho otra cosa que revivir en este caso, como se verá, por lo que se refiere de las mismas más adelante.

En la provincia de Entre Ríos, habitada antiguamente por la nación minuana, que creo haya sido guaraní, se conserva también una leyenda que se pudo recoger sobre la reencarnación del alma de un hombre en tigre negro.

Naturalmente, con el transcurso del tiempo esta leyenda se ha modificado mucho, pero en el fondo de ella, se ve que es del más puro origen indio.

"Cuentan los viejos que sobre la costa del río Gualeguay vivía un hombre muy bueno.

"Cierta noche fue avanzado por una partida de malhechores que sin piedad lo asesinaron para robarle.

"Poco tiempo después, entre los pajonales del río, un enorme tigre negro salió al encuentro de uno de los malhechores que iba acompañado de otros vecinos, y dirigiéndose a él lo mató de un zarpazo, sin herir a los otros.

"Este tigre negro, con el tiempo, concluyó por matar a todos los asesinos del finado, entresacándolos siempre de entre muchas otras personas, sin equivocarse, lo que dio lugar a que se creyera que el tigre negro no era sino la primera víctima que así se transformó para vengarse de ellos".

Pero, la leyenda más curiosa es la del Yaguareté-abá, exactamente igual a la de los hechiceros uturuncos, citada por el señor Lafone Quevedo.

En Misiones, Corrientes y Paraguay es fácil oír hablar de los Yaguaretés-abás, los que creen sean indios viejos, *bautizados*, que de noche se vuelven tigres a fin de comerse a los compañeros con quienes viven o cualesquiera otras personas.

La infiltración cristiana dentro de esta leyenda se nota no sólo en lo de bautizado sino también en el procedimiento que emplean para operar la metamorfosis.

Para esto, el indio que tan malas intenciones tiene se separa de los demás, y entre la oscuridad de la noche y al abrigo de algún matorral, se empieza a revolcar de izquierda a derecha, rezando al mismo tiempo un credo al revés, mientras cambia de aspecto poco a poco.

Para retornar a su forma primitiva hace la misma operación en sentido contrario.

El Yaguareté-abá tiene el aspecto de un tigre, con la cola corta, casi rabón, y como signo distintivo presenta la frente desprovista de pelos.

Su resistencia a la vida es muy grande y la lucha con él es peligrosa.

Entre los innumerables cuentos que he oído, referiré el siguiente:

En una picada, cerca del pueblo Yuti (República del Paraguay), hace muchos años existía un feroz Yaguareté-abá que había causado innumerables víctimas.

No faltó un joven valeroso que resolvió concluir con él, y después de haber hecho sus promesas y cumplido con ciertos deberes religiosos, se armó de coraje y salió en su busca.

Algo tarde se encontró con el terrible animal a quien atropelló de improviso hundiéndole una cuchillada.

El Yaguareté-abá disparó velozmente, siguiéndole nuestro caballero matador de monstruos, por el rastro de la sangre, hasta dar con él en la entrada de una gruta llena de calaveras y huesos humanos roídos.

Allí se renovó la lucha y, puñalada tras puñalada, se debatían de un modo encarnizado, sin llevar ventaja. Ya le había dado catorce, por cuyas anchas heridas manaba abundante sangre, cuando se acordó de que sólo degollándolo podría acabar con él.

Con bastante trabajo consiguió separarle la cabeza del cuerpo, de conformidad con el consejo que le habían dado, y sólo entonces pudo saborear su triunfo definitivo.

Estas dos leyendas: la de los hechiceros uturuncos de Catamarca y la del Yaguareté-abá del Paraguay, tan iguales y a tanta distancia una de la otra y creídas por gentes de tan diverso origen, hacen una vez más creer, y con razón, en la existencia de invasiones prehistóricas seguramente hacia el oeste, por el pueblo guaraní, que por lo demás casi está probado fue el introductor del sistema de enterrar en urnas funerarias en esa parte de la República, como también se ve en lo que dice Montesinos, que hordas guaraníticas (mejor dicho brasileras) invadieron la región Perú-Andina.

Revisando la obra de Wiener, mucho me han llamado la atención los tres cántaros representando cabezas humanas con aspecto feroz y lo más curioso es que todas poseen caninos de tigre bien pronunciados; además, las figuras en la parte inferior del adorno colocado sobre las orejas muestran unas cabezas apenas bosquejadas, pero con boca triangular, que les da semejanza a la de los tigres.

Estos accesorios felinos en la figura humana, ¿no habrían tenido algo que hacer con la idea de los hechiceros uturuncos?

Esto no tendría nada de extraño si se tiene en cuenta que el culto del tigre en las provincias peruanas no escaseaba, según los datos que trae Garcilaso en la obra citada, y que son:

"El culto del tigre se hallaba en auge en la región de la provincia de Mauta y Puerto Viejo; en este último punto no sólo adoraban a estos animales sino que no dejaban de prosternarse de rodillas cuando se encontraban con ellos y se dejaban matar miserablemente porque los creían dioses" (libro I, capítulo IX).

Los feroces, bárbaros y guerreros habitantes del Churcupí (libro IX, capítulo VIII) y entre los anti (libro IV, capítulo XVII) también lo adoraban.

En la isla de Puna (libro IX, capítulo IV), en Tumpiz o Tumbez (libro IX, capítulo II) y en la provincia de Karanque (libro VIII, capítulo VII), y en la época de los conquistadores del inca Huayna Capac, les hacían sacrificios humanos.

En el valle de Calchaquí no es extraño que en una época el culto del tigre ocupara un lugar importante en su religión y para afirmar esto no sólo me atengo a las leyendas que aún hoy subsisten sino también a la cantidad de objetos de alfarería representado a este animal, que se exhuman en estos valles.

Además, en el hecho de que en una de las grutas pintadas del grupo de Carahuasi hallamos muchas figuras representando tigres.

Estas representaciones de tigres en las piedras, grutas y objetos de alfarería no es difícil que sean una prueba de ese culto.

La metempsicosis del alma del hombre al tigre, y viceversa, es común entre las diversas tribus americanas.

El señor Julio Koslowski, "Algunos datos sobre los indios bororós" (*Revista del Museo de La Plata*, tomo VI, pp. 375 y siguientes) del Alto Paraguay, trae los siguientes datos sobre las supersticiones en estos indios que se refieren al tigre:

Según él los bororós tienen una danza especial que llaman del tigre.

Uno de ellos, adornada la cabeza con plumas de guacamayo coloradas, cubierta la cara con una máscara hecha con las hojas tiernas del cogollo de la palmera, que la oculta completamente, y también el cuerpo y los miembros con dichas franjas de manera que no se vea lo que caracteriza al cuerpo humano, con collares de dientes de tigre en el pecho y con cascabeles en los pies, de cascos de ciervos y pecarís, y llevando sobre las espaldas un cuero de tigre abierto como una plancha, con el pelo afuera y su interior pintado con algunas figuras geométricas, representa el alma del tigre furioso, muerto por el mismo que se le había metido adentro y cuya presencia se manifiesta por saltos y movimientos furiosos en el cuerpo del hombre, los que procura conjurar otro bororó, el médico de la aldea, secundado por algunos ancianos.

La danza consiste en que hombres y mujeres se pongan en hilera detrás del indio, saltando con las manos levantadas y los brazos abiertos y llevados a la altura del hombro, las piernas algo encorvadas, saltando siempre de un lado al otro con el cuerpo también encorvado al son del canto en voz baja del médico, con acompañamiento de calabazas o porongos de baile.

Estos mismos indios, cuando se preparan para la caza, empiezan por observar ciertas ceremonias que consisten principalmente en no dormir con sus mujeres cuatro días antes de salir a la caza del felino. En este intervalo comienzan por pintarse la cara con urucú y preparan sus flechas al calor del fuego para endurecer las fibras de la tacuara.

En ninguna circunstancia les es permitido a las mujeres tocar las puntas de las flechas, pues el indio cree que con su contacto pierden su fuerza de penetración y que les traería desgracias.

Cuando vuelven de la caza con un jaguar, tiene lugar esa noche el baile del tigre, que se diferencia del ya descripto en que las mujeres lamentan y lloran con gran excitación para conjurar y reconciliar el alma del tigre; de otro modo no lo apaciguarían, lo que causaría la muerte del cazador.

El jaguar está representado en el baile por el mismo indio que le ha dado muerte, haciendo el papel del tigre furioso y reclamando venganza.

Además, el médico y otros viejos bororós tratan de conjurar el alma del animal con cantos monótonos, que producen una sensación penosa al que los escucha; al mismo tiempo que bailan formando medio círculo frente al cazador, llevando en sus manos porongos de baile que hacen sonar al terminar cada período.

Con pequeños descansos continúan el baile durante largas horas hasta que quedan rendidos, terminado lo cual creen ya reconciliada el alma y quedan tranquilos respecto del porvenir.

Lo más curioso es que estas mismas costumbres son propias de los guaraníes del tiempo de la conquista española, como me parece haberlas hallado en los siguientes datos:

El padre Guevara, en la primera parte del libro I, al hablar de las supersticiones de los guaraníes dice que sus hechiceros se preciaban de ser visionarios diciendo que habían visto al demonio en traje de negrillo y con apariencia y figura de tigre o león, y adelantaban que él les comunicaba arcanos ya ominosos y terribles, ya prósperos y felices.

Más tarde describe las ceremonias de estos hechiceros con estas palabras:

"Estos hechiceros tienen por lo común dos o tres familiares cómplices de sus iniquidades, terceros de sus artificios y diestros de las voces y bramidos de los animales. Ligados con el sacramento del sigilo, no descubren la verdad, so pena de privación de oficio y de malograr el estipendio y gajes de la mesa capitular. Cuando llega el caso en que el hechicero ha de consultar al diablo, como ellos dicen, sus familiares, que hacen el oficio de sacristanes y sacerdotes, se ocultan en algún monte, en cuya ceja se percibe alguna chozuela, que hace las veces de trípode, y el oficio de locutorio.

"Para el día prevenido se junta el pueblo pero no se le permite acercarse para que no descubra el engaño y quede conformado en su vano error y ciega presunción.

"El hechicero, bien bebido, y alegre con los espíritus ardientes de la chicha, saltando y brincando junto a la chozuela, invoca al diablo para que venga a visitar al pueblo y revelarle los arcanos futuros. Cuando todos están en espectación aguardando la venida del demonio, resuenan por el monte los sacristanes y sacerdotes disfrazados con pieles, simulando los bramidos del tigre y voces de los animales. En este traje que el pueblo no discierne, por estar algo retirado, entran en la chozuela, y aquí del diablo y sus sacristanes.

"Éstos, en grandes confusión y vocerío infernal, imitando siempre las expresiones de animales, empiezan a erutar profesías y sacar vaticinios sobre el asunto que desean los circunstantes.

"De la boca de ellos pasa a la del hechicero, y éste con grandes gestos, arqueando las cejas con espantosos visajes, propala al pueblo los pronósticos y vaticinios. El pueblo vulgar, incapaz de reflexión ni examen, arrebatado de ciega persuasión, los admite como oráculos del diablo, quedando en error casi invencible, de que el diablo es quien habla al hechicero y que éste es fiel relator de sus predicaciones.

"Este es el origen admitido entre los indios, y abrazado entre los escritores, de las operaciones diabólicas y de los fingidos hechiceros. Este es el fundamento de aquel terror pánico que tienen los indios al acercarse a la chozuela y trípode, recelando insultos feroces y despiadadas acometidas del tigre, cuyos bramidos imitan los sacristanes, sus familiares, para persuadir al vulgo que es el demonio transfigurado en infernal bestia el que les habla".

¿No habrá descripto en esto el buen padre Guevara alguna ceremonia parecida al baile del tigre de los boróes, que hemos tomado del trabajo de Koswlosky y que en su celo cristiano la haya interpretado según su modo de ver?

De cualquier modo, con esta descripción de Guevara tenemos también la creencia de la metamorfosis o de una forma de metempsicosis del tigre al hombre, fácilmente también reducible a la del hombre al tigre.

Si deseamos saber a qué época correspondió esta leyenda entre los calchaquíes, tenemos forzosamente que referirnos a muy remotos tiempos y es posible que haya sido introducida en estas regiones por hordas guaraníticas, como las que menciona Montesinos, las cuales seguramente traían sus hechiceros, como los citados por el padre Guevara y Koswlosky, que con sus ceremonias inculcaron en la mente de ese pueblo la idea de los humanos uturuncos. Tanto más, en la región central y norte de la República, existe otra leyenda que llena satisfactoriamente la laguna que hasta ahora se habrá notado en la región quichua-calchaquí y guaraní.

Esta leyenda es un verdadero *trait d'union* entre ambas, pues conserva, como intermediario, algunos datos de inapreciable valor.

Me refiero a la leyenda del tigre capiango, que me había sido referida por el distinguido poeta argentino Leopoldo Lugones, y que es común en el norte de Córdoba, en Tucumán y Santiago del Estero.

Refiere la tradición que dos hermanos vivían en el bosque, en un ranchito, ocupándose de las faenas propias del mismo. Por aquella época apareció en las inmediaciones un tigre cebado en carne humana, que hacía muchas víctimas, al cual no podía matarse pues, cuando se le disparaban tiros, erizaba los pelos y las balas resbalaban sobre ellos.

Uno de los hermanos observó con sorpresa que las apariciones del felino coincidían exactamente con las desapariciones del otro hermano y, naturalmente, esto lo puso en cuidado, resolviendo observarlo con sigilo.

En una de las salidas, éste lo siguió y pudo ver que, llegando su hermano a cierta parte del monte, descolgaba de un árbol un gran bulto que contenía un frasco de sal y un *cuero de tigre* que extendía en el suelo.

Luego, tomando tres granos del frasco los comía y en seguida, revolcándose *sobre la piel*, se transformaba en terrible fiera.

Temiendo lo desconociese, se retiró; pero, al siguiente día, se fue al monte y tomando el bulto, con el frasco y la piel, los echó al fuego para que su hermano no pudiese continuar en sus felinas andadas.

Vuelto a la casa encontró a su hermano muy enfermo, casi agonizando, quejándosele de su acción y diciéndole que a causa de ella se moría, pero que si quería salvarlo aún, le trajese del monte un pedacito del cuero del tigre, pues ese sería su único remedio.

Al oír esto, el hermano compadecido volvió al monte y, recogiendo el fragmento pedido, tornó presuroso a su casa, pero en cuanto se la entregó, el enfermo, *echándose sobre la espalda el resto del cuero*, se transformó repentinamente otra vez en tigre y, dando un salto prodigioso, se perdió en el bosque hasta ahora.

La función que en esta metamorfosis desempeña la

piel de tigre es tan importante que nos hace ver con claridad el origen puramente guaraní de la leyenda, y si no tómese el origen natural de los datos aquí recopilados y veremos que los sacerdotes guaraníes al ejercer sus prácticas con pieles de tigres sobre sus espaldas han ido dejando, al pasar por las regiones invadidas por las hordas a que han pertenecido, un recuerdo cada vez más confuso de ellas, pero que impresionando vivamente la imaginación popular de las tribus subyugadas, adquirieron una forma de creencia real en la metamorfosis posible del hombre al tigre, cuando en su origen no se trata más que de simples ceremonias de carácter fetichista.

Éste, como otros datos, nos prueban una vez más la invasión guaraní en la región quichua-calchaquí.

Terminado este trabajo, se me ocurre una sospecha: la voz quechua *yaguar-sangre*, ¿no tendrá algo que ver con el guaraní *yaguá tigre*, que se ha transformado en castellano en jaguar?

A propósito de esto no está de más transcribir lo que dice el señor Vicente F. López en sus *Razas arianas del Perú* (pág. 404, apéndice II) al hablar del Inca XCVI de la cronología Montesinos:

XCVI - Inca Yaguar Huakkak. Se ha traducido este nombre como *llorón de sangre* o *llora sangre*; pero significa también tigre llorón o el llorón sanguinario. Para explicar la primera etimología se ha dicho que tenía una enfermedad a los ojos.

"Esta sería una explicación como cualquier otra, pero tiene la apariencia de haber sido hecha premeditadamente. Tenemos que observar que, en general, las razas felinas de América y sobre todo los jaguares, cuando se ven arrinconados o acosados, dejan escapar de sus ojos un líquido parecido a lágrimas: de aquí la creencia popular de que lloran por hipocresía, buscando conmover al cazador, excitando una compasión que jamás sienten hacia sus víctimas. De esto viene que llaman tigres llorones (*yahuar huakkak*) a los grandes hipócritas que engañan para matar.

"La historia de la captura de Pyrhuá que lleva este nombre, los llantos que derramó hasta su liberación y la venganza que ejerció con sus enemigos, me deciden a presentar esta conjetura: *huakkani* no significa sólo llorar, sino llorar sangre"[1].

VIII. El lobisome[2]

Dentro do meu peito tenho
Una dor que me consome;
Ando comprindo o meu fado
En trages de lobisome.

Los versos anteriores, que oí cantar una vez en la provincia de Río Grande del Sur a un paisano, en un baile, me llamaron fuertemente la atención, sobre todo la palabra "lobisome", cuyo significado traté de averiguar. Mucha extrañeza causó mi pregunta sobre una co-

---

[1] Corresponde este capítulo, no intercalado en la edición primera de *Supersticiones y leyendas* (La Cultura Argentina, Buenos Aires, 1917), al estudio que apareciera en los Anales de la Sociedad Científica Argentina (1896, tomo XLI, pp. 321 a 334, con grabados). Amplía el que figura en dicha edición y que le precede en ésta, en la que ha sido incluido respondiendo a nuestro deseo de completar la labor del leal y versado colector, don Salvador Debenedetti, discípulo y continuador de la labor de Ambrosetti. (*Nota de Edición Castellví.*)

[2] Esta leyenda es de origen europeo; es lo que en Francia se llama *loup-garou.*

sa tan sabida por allí, y a fuerza de insistencia, conseguí que se me diera la siguiente explicación:

El ser lobisome es condición fatal del séptimo hijo varón seguido y si es la séptima hija mujer seguida, será en vez, bruja.

El lobisome es la metamorfosis que sufre el varón en un animal parecido al perro y al cerdo, con grandes orejas que le tapan la cara y con las que produce un ruido especial. Su color varía en bayo o negro, según sea el individuo blanco o negro.

Todos los viernes, a las doce de la noche, que es cuando se produce esa transformación, sale el lobisome para dirigirse a los estercoleros y gallineros, donde come excrementos de toda clase, que constituyen su principal alimento, como también las criaturas aún no bautizadas.

En estas correrías sostiene formidables combates con los perros, que, a pesar de su destreza, nunca pueden hacerle nada, pues el lobisome los aterroriza con el ruido producido con sus grandes orejas.

Si alguno de noche encontrase al lobisome, y sin conocerlo lo hiriese, inmediatamente cesaría el encanto y recobraría su forma primitiva de hombre manifestándole, en medio de las más vivas protestas, su profunda gratitud por haber hecho desaparecer la fatalidad que pesaba sobre él.

La gratitud del lobisome redimido es, sin embargo, de las más funestas consecuencias, pues tratará de exterminar, por todos los medios posibles, a su bienhechor. De modo que lo mejor, cuando se lo encuentra, es matarlo sin exponerse a esas desagradables gratitudes.

El individuo que es lobisome, por lo general, es delgado, alto, de mal color y enfermo del estómago, pues dicen que, dada su alimentación, es consiguiente esta afección, y todos los sábados tiene que guardar cama forzosamente, como resultado de las aventuras de la noche pasada.

Esta creencia está tan arraigada entre alguna de esa gente que no sólo aseguran haber visto, sino que también, con gran misterio, señalan al individuo sindicado de lobisome, mostrándolo con recelo, y hacen de ese hombre una especie de paria.

IX. Fantasmas del agua

Los fantasmas del agua tienen tres denominaciones que parecen representar otros tantos tipos místicos, a pesar de que muchas veces se confunden entre sí.

La más general es ú-pora, es decir, fantasma del agua, que se aplica a todo animal fantástico del agua, pero a veces toma la forma antropomórfica.

Se supone que todas las aguadas permanentes tienen un ú-pora que vela por su conservación.

Recogí esta leyenda que se refiere a la forma antropomórfica: una joven fue a bañarse a una laguna y desapareció; la familia alarmada llamó a un "médico" viejo, quien se acercó a la orilla, pronunció oraciones y efectuó una serie de exorcismos consiguiendo así volver a recobrarla toda rasguñada por las totoras.

Vuelta en sí, la joven confesó que al meterse en el agua se le apareció el ú-pora, que era un negro, quien al tomarla y llevársela le dijo que hacía mucho tiempo que la deseaba y estaba acechándola.

Es curioso notar que todos estos mitos cuando toman la forma antropomórfica son mitos fálicos.

El segundo tipo es la del pescado, llamado Pira-Nú (pez negro), que se forma en las canoas viejas de timbó que se pierden en las correderas. Este pez es, por consiguiente, de gran tamaño, con la cabeza como la de un caballo, de grandes ojos y nada a flor de agua para echar a pique las embarcaciones.

Este monstruo devora rápidamente a los animales o personas que caen al agua.

El tercer tipo es el monstruo llamado Yagua-ron, de coloración semejante a la del burro, pero éste generalmente no se aleja de las costas y es el que socava las barrancas para hacer caer a los animales que se acercan a la orilla, a los que destripa en un momento para comerles sólo los bofes, es decir, los pulmones.

Capítulo 3

Leyendas de la región misionera

Piedras con leyendas

I. La piedra de Itá-Cuá (Cueva de piedra)

Muy cerca de la ciudad de Posadas, en la costa paraguaya, sobre el Alto Paraná, se levantan unas rocas a pocos metros de la orilla. Son de piedras de Itá-Cuá (Cueva de piedra).

El doctor Holmberg, en su *Viaje a Misiones*[1], refiere lo siguiente, a propósito de ellas:

"Sentado en aquel momento en la popa de la canoa, manejando la pala que servía de timón, hice rumbo hacia las piedras con la intención de examinarlas; pero antes de llegar a ellas tuvieron tiempo los peones de referirme que aquel Altar de Piedra[2] debía su fama a una aparición

[1] Capítulo XXI, pág. 358, Boletín de la Academia Nacional de Ciencias de Córdoba, tomo X, año 1887.
[2] La traducción de Itá-Cuá (altar de piedra) no es literal, sino convencional en un caso de estos, porque *cuá* es cueva.

de la Virgen María, pues cierto curioso, al asomarse alguna vez por una grieta del lado del Naciente, la había visto blanca e inmaculada en el opuesto; que esta aparición no era constante, ni periódica, ni intermitente, sino caprichosa; que otro curioso, deseando darse bien cuenta de aquello y habiendo podido distinguir la imagen, había sometido las piedras a un examen prolijo, hallando una forma particular de abertura o grieta que imitaba en cierto modo el contorno de la Inmaculada Concepción; y que otro individuo, más curioso aún, había encontrado allí muchas lagartijas, explicándose la irregularidad de la aparición por la presencia o falta de ramas o yerbas en la proyección de la imagen, las que en el primer caso alteraban su forma y, en el segundo, la dejaban libre".

Y más adelante hace esta pregunta a uno de los peones, recibiendo una respuesta original:

—¿Podremos ver la imagen?

—Cuando uno cree, señor, ve lo que quiere.

Lo escrito por el doctor Holmberg da la verdadera razón de la leyenda de la Virgen de Itá-Cuá, muy venerada por allí y cuyo origen no hay duda que se remonta a la época de la dominación jesuítica, cuando ellos tenían la reducción de Itá-Puá (punta de piedra), hoy Villa Encarnación del Paraguay, y que se halla frente a Posadas.

La primera vez que pasé por Itá-Cuá fue de vuelta de mi primera expedición a Misiones, por el río Uruguay, mientras bajaba el Alto Paraná, después de haber atravesado el territorio de uno a otro río, por la Picada de Paggi, en enero de 1892[1].

Mucho me llamó la atención al ver sobre esas piedras

[1] La descripción de este viaje ha sido publicada en la *Revista del Museo de Eva Perón*, tomos III, IV y V, "Viaje a misiones argentinas brasileñas por el alto Uruguay".

algunas mujeres y muchas velas encendidas. Pregunté la causa al señor don Joaquín Aramburú, vecino de Posadas, y uno de los yerbateros más antiguos, con quien veníamos juntos en el vapor, y me refirió exactamente lo mismo que el doctor Holmberg ha escrito en su libro.

Posteriormente, el agrimensor, señor Juan Queirel, me ha comunicado que las gentes de por ahí tienen la siguiente costumbre. Cuando alguno va a rezar y prender velas sobre la roca de Itá-Cuá, principalmente los canoeros, dejan una ofrenda sobre las piedras, que consiste en dinero o cualquier otro objeto, por pequeño que sea, pero que represente algún valor, como ser anzuelos, víveres, etcétera.

Esta ofrenda es para que el que vaya posteriormente la recoja y rece por el que la dejó allí.

Es tanta la fe que tienen en ese procedimiento, que una vez varios bandidos, de vuelta de asesinar una familia en Santa Ana, llegaron a Itá-Cuá y dejaron sobre la roca parte de lo que habían robado a sus víctimas, para que la Virgen les fuera propicia en la fuga.

Felizmente fueron apresados en el Paraguay y como se resistieron a la autoridad pasaron a mejor vida. Este hecho demuestra la intensidad de la superstición religiosa entre esas poblaciones.

II. El paredón del Teyú-Cuaré
(Cueva que fue del lagarto)

Siguiendo por el río Alto Paraná al norte, al pasar por la boca del interesante río Yabebuiry, o de las rayas, cerca del cual se hallan las ruinas del antiguo pueblo jesuita de San Ignacio, se entra en una inmensa cancha de unos dos mil metros de ancho, que tiene sobre la costa argentina unos enormes paredones de piedra cubierta de magnífica vegetación.

A éstos se los llama las rocas del Teyú-Cuaré, es decir, la cueva que fue del lagarto (teyú), y la cancha toma naturalmente el mismo nombre.

Al cruzar delante de ellos, esos paredones, enhiestos en su mayor parte, y de gran altura, no sólo imponen sino que ofrecen al que pasa por primera vez por allí un espectáculo digno de toda curiosidad, rompiendo con su aparición la monotonía del paisaje, si es que puede haberla en aquella tierra maravillosa, donde cada rincón es de una belleza incomparable.

Varias veces he pasado por allí y nunca he dejado de admirar esa obra de la naturaleza, intrigado por la leyenda que corre sobre ella. Conversando más tarde con mi buen amigo don Patricio Gamon, me refirió lo que había oído de boca de un indio viejo, el año 1855, a propósito de Teyú-Cuaré.

En otro tiempo, la tradición colocó entre esas rocas, y sobre todo en una de las grandes fisuras que en ellas se notan, a un gran lagarto (teyú) que era el terror de los navegantes que tenían que cruzar por aquel lugar.

El feroz teyú vivió mucho tiempo, ocasionando un gran número de desgracias, hasta que al fin un día abandonó su cueva, y atravesando a nado el Alto Paraná, fue a formar, en la costa paraguaya, el arroyito que allí existe.

Esta leyenda india no deja de ser interesante, y es muy parecida a la que tienen los paisanos de la provincia de Entre Ríos, de que los primeros que formaron los arroyos fueron los dueños de los huesos fósiles (cuaternarios) que se descubren en las costas lavadas por las aguas, sobre todo de gliptodontes, por su semejanza con los peludos actuales (*Dasypus*), grandes cavadores a que los comparan, a causa de las corazas (carumbé) que frecuentemente se descubren allí.

¿No tendrán estas dos leyendas el mismo origen?

Mi distinguido amigo el doctor Moisés Bertoni, en la quinta de sus interesantes cartas sobre el Alto Paraná, también da a su vez otra interpretación muy parecida a esta leyenda, que transcribo. Según la tradición y la creencia arraigada entre guaraníes, allí vive el terrible dragón gigantesco, lagarto con alas, con garras y con hálito de fuego. Así lo dice también el nombre: Teyú, lagarto, y Cuaré, gran cueva.

Grandes fueron las desgracias que este monstruo ha causado y numerosas sus víctimas; existen en el país ancianos que saben contar con todos los detalles los horrores de esos naufragios. Sin embargo, bastaba un sacrificio, una oferta cualquiera, un pedazo de carne o un objeto echado al agua, para calmar esa fiera y pasar seguros.

Con mucha propiedad atribuye el doctor Bertoni el origen de la leyenda a una piedra aislada, situada casi en medio del río, frente al paredón, que vio en una gran bajante, en octubre de 1886. Y agrega que, como muy raras son tales bajantes, no es extraño que muchos, ignorando su existencia, el día menos pensado puedan dar con ella, lo que causaría necesariamente una catástrofe tan rápida como completa, sin que quede ningún testigo para explicar la súbita desaparición de las víctimas: ese es el dragón tan funesto.

En apoyo de ello dice, y con razón también, que en otros puntos del Alto Paraná la superstición ha colocado monstruos análogos; y ha observado que en todas esas localidades existe algún obstáculo peligroso para la navegación, el que ha podido producir desgracias y naufragios, los que han sugerido a la imaginación esas leyendas.

Estoy conforme con la versión del doctor Bertoni, pero creo que en la leyenda originaria la forma del monstruo se halla desprovista de las alas y hálito de fuego que lo acercan tanto a los dragones de las fábulas europeas.

III. El paredón del Suindá-Cuá (Cueva de la Lechuza)

En la Cancha de Trinidad, en el mismo río Alto Paraná, más al norte de Teyú-Cuaré, sobre la costa paraguaya, se halla otro paredón de piedra que se llama Suindá-Cuá (Cueva de la Lechuza)[1], que tiene también su leyenda.

Un día desaparecieron de las reducciones jesuíticas de Jesús y Trinidad todas las vacas que allí se criaban. Gran clamor levantó entre los indios de allí este acontecimiento y mayor fue aún cuando supieron que el autor de todo esto había sido un santo que, en vista de que no las cuidaban bien, se las había llevado, castigándolos de ese modo.

Siguiéronles el rastro y llegaron hasta el paredón, a cuyo pie creyeron ver en las rocas, roídas por el agua, las huellas que habían dejado estampadas allí los animales, para eterna memoria de este hecho tan trascendental.

Es indudable que, necesitando los jesuitas extraer esas haciendas, quizá para ir a socorrer con ellas alguna otra reducción o por cualquier otro motivo, dieron con esta leyenda no sólo una satisfacción a los indios, sino que, al mismo tiempo, según su costumbre, aprovecharon de

---

[1] Suinda, en guaraní, es el nombre de un lechuzón, especie de búho del género *Syrnium*.

esta oportunidad para aplicarles una lección de formidable moral práctica para lo sucesivo.

El doctor Bertoni da a ese punto el nombre de Pacú-Cerá y dice que, durante las bajantes extraordinarias del Alto Paraná, tiene poca hondura, en razón de tener el río allí una media legua de ancho y cuenta entonces con un banco en medio de la corriente.

Con este motivo, tiene su monstruo sumamente peligroso, que es un buey con cuernos de oro, y no falta quien repita sus hazañas pasadas, puesto que hoy día, como su compadre el Teyú-Cuaré, ya no hace ningún daño.

Según creo, esta leyenda es una modificación de la descripta más arriba, que don Patricio Gamon recogió de boca de algunos indios viejos.

IV. Las piedras de Santo Pi-Pó
(Manos y pies de Santo)

Cuando se navega aguas arriba en el Alto Paraná se pasa por el puente de la antigua misión jesuítica de Corpus y luego que se sube la gran corredera o salto del mismo nombre, sobre la costa argentina, aparece la barra del arroyo Santo Pi-Pó.

Este nombre bizarro tiene su tradición, ligada en cierto modo a la tan conocida de la predicación del Evangelio en América en épocas precolombinas por Santo Tomás.

Santo Pi-Pó quiere decir, literalmente, las manos y los pies del santo, y según la tradición dicen que, al pasar Santo Tomás por sobre las piedras que se hallan cerca de la barra de ese arroyo, dejó sus huellas estampadas allí, refiriéndose a unas rocas corroídas por el agua caprichosamente en las que los que tienen fe pueden ver todo lo que se les ocurra.

Excusado es decir que el origen de esta leyenda debe ser jesuítico.

V. LA PIEDRA ITÁ-GUAIMÍ (PIEDRA VIEJA)

El río Alto Paraná, siguiendo al norte y pasado el puerto de Pirá-puitá (pescado colorado), sobre la costa paraguaya; que lo es de la aldea que se llama Villa Azara, la barra del arroyo Ituté (Salto Blanco) que se reconoce por la pequeña y preciosa catarata que desde el río se ve despeñarse graciosamente entre una cortina de magnífica vegetación, y las de los arroyos Iroi-guazú e Iroi-miní (arroyo frío grande y pequeño), sobre las piedras de la playa que quedaban a descubierto, gracias a la bajante que se había producido en la época en que pasamos (agosto), se hallaba la famosa piedra Ita-Guaimí.

Esta piedra es de forma casi ovoidal, gruesa en su mayor porción; tiene, sobre su parte superior, una estrangulación de la que se eleva otra porción pequeña y casi cuadrada, de modo que parece un gran cuerpo, con su cabeza respectiva.

Dada su forma curiosa, tiene también su leyenda, de origen, a mi modo de ver, jesuítico.

Esta piedra, en otro tiempo, fue una muchacha desobediente, mal mandada, y que nunca hacía caso a sus padres, sino que simplemente se dejaba llevar por sus caprichos.

92

Habiéndola mandado su madre en busca de agua al río, salió con el cántaro en la cabeza, refunfuñando entre dientes, viendo lo cual Pupá (Dios), indignado, la transformó en piedra, en el momento que llegaba a la orilla, y desde entonces ha quedado petrificada en castigo de su desobediencia.

No es extraño, como he dicho más arriba, que esta leyenda tan moral —segunda edición de la mujer de Lot, en la que también se castiga la desobediencia— haya sido sugerida por los jesuitas, que aprovecharon la oportunidad que les ofrecía la naturaleza en provecho de sus doctrinas, tanto más que los indios no necesitan de leyendas para hacerse obedecer por sus mujeres e hijas, ya por naturaleza pasivas, y demasiado acostumbradas a otro orden de argumentos más persuasivos y brutales.

Hasta hace poco, y aún hoy, algunos indios, sobre todo los guayanás, al pasar por allí, no se atrevían a tocar la tal piedra ni hablar fuerte delante de ella, porque tenían la creencia de que la Ita-Guaimí se enojaba e inmediatamente sobrevenía una gran tormenta, de modo que ya cerca de allí se decían con aire misterioso: "Chaque Ita-Guaimí" (cuidado con la Ita-Guaimí).

LUGARES CON LEYENDAS

VI. EL CERRO DEL MONJE

Sobre la costa argentina del Alto Uruguay, a una legua, más o menos, al norte de la antigua reducción jesuítica de San Javier, cuyas ruinas aún existen entre el monte, y casi frente a la colonia del Cerro Pelado, que se halla en la costa brasileña, se eleva, coronado de esbeltas palmas, el cerro del Monje.

En su cumbre, y dentro de un círculo formado por esas preciosas palmeras, una pobre capilla de madera, simple y sin más adorno exterior que una pequeña cruz, indica al viajero el santuario que la superstición de los vecinos elevó al milagroso monje.

Según el padre Gay[1] allí se refugió en 1852 un famoso monje italiano que vivía en el Brasil y que, al querer plantar una cruz sobre el cerro, brotó del agujero que había cavado el agua milagrosa que hasta hoy surge allí y que es objeto de grandes peregrinaciones de enfermos y creyentes.

A veinte metros al oeste de la capilla, en el centro de una gran piedra, hay un agujero que mide quince centímetros de diámetro, cavado cilíndricamente, conteniendo agua hasta cuarenta centímetros de profundidad.

Este agujero se halla tapado con una teja de barro y dos jarritos de lata encima; esta es la fuente milagrosa, cuya agua van a tomar los enfermos que esperan curar así sus dolencias.

Para esto es necesario que el que toma el agua, antes de hacerlo, diga al compañero que lleva: "Déme un poco de agua, por el amor de Dios", sin cuyo requisito no surtiría efecto alguno.

Más al oeste de este punto y cerca de allí hay una caída de agua de cuatro metros, en forma de chorro, que es donde los enfermos que pueden hacerlo se bañan, además de tomar agua; según cuentan, ésta tiene un gran poder curativo para todas las enfermedades.

---

[1] *Historia da República Jesuitica do Paraguay*, trabajo publicado por el Instituto Histórico y Geográfico Brasileño, 1863.

Principalmente en los días de la Semana Santa es cuando el peregrinaje es mayor al cerro del Monje; cientos de personas de los pueblos del Brasil (San Luis, San Borja, San Nicolás, etcétera) acuden allí, llenas de fe en la eficacia de esas aguas, a depositar su pobre ofrenda a la capilla, que recibe todos los años una mano de pintura costeada por ellas.

Todo es espontáneo, pues no tienen por allí sacerdote que los dirija en sus prácticas, de modo que esa pobre gente ha caído no sólo en la superstición en cuanto a ellas sino que también éstas son por demás ridículas, según se verá.

En el interior de la capilla hay un altar corrido, tosco, adornado con género, etcétera, y algunas colgaduras; sobre él se halla un santo de madera de setenta centímetros de alto, a pesar de estar arrodillado, que representa al Señor de los Desiertos; por su factura se reconoce que ha pertenecido a las ruinas jesuíticas de San Javier, así como también una Virgen María que está en su vecindad.

A un lado se halla tapado con un paño un cráneo humano que, según creen, ha pertenecido al primitivo monje.

Como la gente de por allí es muy pobre, sus ofrendas se reducen a velas de cera, adornos de papel picado, manos, pies, cruces y demás objetos de cera y papel, cintas e infinidad de chucherías que los devotos cuelgan a las ropas de los santos.

Pero lo más curioso es la práctica que tienen los que se casan, de ir luego a la capilla y, después de rezar ambos, la mujer deja su traje de novia y los azahares que coloca al Señor de los Desiertos; pero como éste se halla ya vestido con otro traje anterior, colocan el nuevo sobre el viejo, de modo que ya tiene como unos diez superpuestos.

Esto lo hacen para que la felicidad no abandone su nuevo hogar[1].

Los peones y canoeros del Alto Uruguay, antes de emprender viaje aguas arriba, van a la capilla, toman agua de la fuente y prenden velas a los santos, rezándoles por un buen rato. Si no tienen muchas velas, por lo menos encienden un cabito, hecho lo cual se embarcan contentos; pero si alguno no lo hace, lo tildan de "masón" y cuando la canoa tropieza sobre las piedras, o sucede algún contratiempo en el viaje, los brasileros, sobre todo, refunfuñan y con el mayor descontento exclaman: *"Iso tinha que suceder, meu amigo: co u monje não se joga!"*

VII. La Isla del Diablo

Como a una legua al este de la ciudad de Goya (provincia de Corrientes) existe una isleta de monte que se llama Isla del Diablo. Como su nombre lo indica, tiene su leyenda.

La Isla del Diablo, en otra época, fue un islote fantasma; tan pronto amanecía más al norte o más al sur; en una palabra, no tenía paradero fijo. Pero eso no era nada, en comparación a los que la habitaban, espíritus infernales que prorrumpían en gestos y ruidos extraños cuando alguien pretendía acercarse allí.

Esto duró mucho tiempo hasta que un día llegó un fraile misionero, quien, con gran pompa, y previas todas

[1] Muchos de estos datos los debo a la amabilidad de mi amigo el agrimensor don Juan Queirel.

las ceremonias de exorcismo correspondientes, la bendijo; desde entonces la isla no se mueve más.

Según me comunicó mi amigo el señor Tomás Mazzanti, antiguo vecino de Goya, don Amadeo Bompland creía que el origen de esta leyenda provenía de que la Isla del Diablo debió ser antiguamente un gran embalsado que entraba por algún brazo del río Paraná que existiría allí, tanto más que al arrancar de raíz una planta se encontró debajo de ella un anclote de tres puntas, que se cree fuera español. Este anclote me aseguró el señor Mazzanti haberlo visto en poder de un botero el año 1860.

Indudablemente, algo de eso debe haber sucedido; pero el origen de la leyenda debe ser de época remota y transmitida por los indios de generación en generación, hasta los blancos que, influidos por ella, han seguido viendo el movimiento imaginario de la isla, aunque ésta ya no intentara cambiar de sitio; más aún, sin tener en cuenta ciertos fenómenos ópticos que debían producirse y que la fe aprovechó a su manera hasta la llegada del misionero, quien cortó de golpe la superstición con el formidable poder sugestivo de la ceremonia religiosa.

Lo que hay de positivo es que, durante mucho tiempo, antes de estar tan destruido el monte, sirvió de guarida a un montón de bandidos, un poco peores que todos los espíritus infernales habidos y por haber.

VIII. EL PUEBLO EMBORÉ

Al señor don Pablo Millot, antiguo vecino de las Misiones, debo los primeros datos sobre esta leyenda, que he ampliado durante mis viajes con otros recogidos en todas partes.

Es creencia muy arraigada en las gentes de Misiones que los jesuitas, al ser expulsados, amontonaron todos sus tesoros en un pueblo que precaucionalmente habían hecho construir ex profeso en medio de la selva virgen y de cuya existencia sólo ellos tenían conocimiento, pues los que actuaron en su construcción desaparecieron.

Este pueblo, llamado Emboré, tenía sus casas sin puertas ni ventanas, y la entrada a ellas se hacía por subterráneos, cuyas bocas estaban ocultadas escrupulosamente.

Los que transportaban los tesoros, que según las gentes de allí sobrepasaron en valor y cantidad a todos los que refieren los cuentos de las mil y una noches, desaparecieron a su vez y con ellos los rastros que conducían al famoso Emboré, perdido desde entonces entre las sombras de la selva impenetrable y las densas nubes de la leyenda.

A pesar de lo inverosímil de todo esto, no faltan personas que afirman su existencia y algunos han llegado a costear expediciones volantes de peones, que se han pasado dos o tres meses batiendo la selva, naturalmente sin dar con el codiciado Emboré.

Una de éstas volvió después de una larga peregrinación con la noticia de haberlo hallado, pero no habían podido entrar en las casas herméticamente cerradas, y luego, al volver, habían perdido el rumbo, perdiéndose ellos a su vez.

Claramente se ve que esto no ha sido más que una patraña inventada por los peones para darse importancia y justificar seguramente su ningún trabajo hecho en ese sentido; lo más probable es que hayan pasado el tiempo en el monte divirtiéndose a su modo, esto es, cazando y jugando, y luego, cuando se les concluyeron las provisiones, volvieron con esa historieta.

El afán de encontrar tesoros dejados por los jesuitas está muy difundido por las Misiones; tanto es así que raras son las ruinas que no se hallen llenas de pozos y socavones hechos con el fin de extraer los ocultos tesoros.

En el pueblo de San Miguel (Misiones brasileñas) un antiguo vecino tenía ya cavados como treinta pozos en las ruinas de la iglesia y colegio y todo su afán se reducía a querer encontrar los instrumentos con que habían tallado las piedras, y sobre todo los cinceles que sirvieron para fabricar los adornos, pues no podía creer que hubiesen sido de hierro, por la dureza de las piedras; de eso infería que sólo con puntas de brillantes podrían haber hecho ese trabajo, y el hombre buscaba diamantes…

Más aún, sobre la torre de la iglesia de San Miguel se hallaba, a guisa de veleta, un gallo de lata dorada: a los vecinos se les antojó que debía ser de oro, y venciendo mil dificultades, y después de un trabajo ímprobo, lo voltearon, dándose un soberano chasco.

Los cuentos sobre tesoros escondidos son inacabables; hay quien asegura que en tal fecha llegó un cura y se dirigió al monte y no volvió a aparecer; algunos dicen que otro cura hizo la misma operación, y traía un papel con unos signos marcados, y luego, al tiempo, bajó por el río con unas canoas cargadas, seguramente con los tesoros.

En cada antigua reducción jesuítica hay centenares de cuentos por el estilo y otros tantos pozos que la codicia ha hecho cavar a esos cándidos, cuyo tiempo perdido y sudor derramado, si lo hubieran empleado en sembrar maíz, habríales producido más de un tesoro.

Pero tal es el poder de la leyenda, y tanto halaga la esperanza de convertirse en Aladino, que pasará mucho tiempo antes de perderse esas creencias relativas a los tesoros acumulados por los jesuitas mediante el trabajo de los indígenas domesticados en sus misiones.

IX. El serpentón de Tacurú-Pucú

Muy cerca del puerto de Tacurú-Pucú, al norte, y próximas al río Alto Paraná, se hallan perdidas en el monte espeso unas ruinas muy destruidas de una capilla del tiempo de los jesuitas.

Por lo que se ve aún de ellas, restos de muralla y zanja, en la época antedicha este punto debe haber tenido poca importancia material; pero, en lo que se refiere a la historia, las ruinas demuestran que allí se establecieron los jesuitas que venían conduciendo los restos de las reducciones del Guayra, en la desgraciada retirada que tuvieron que hacer ante los paulistas y tupís, en 1631.

Funesta retirada de doscientas leguas rumbo sur, por entre los montes y el Alto Paraná, sin víveres, muriéndose de hambre, acosados en un gran trecho por los tupís, que mataban a los rezagados, cuyos cadáveres cebaban a los tigres, que concluyeron por atacar a los vivos. La desesperación de los pobres prófugos llegó a tal punto, que las madres arrojaban a sus hijos de pecho para desembarazarse de la carga; y para completar este cuadro de horrores y de miseria, los remolinos del Alto Paraná tragaron muchas balsas cargadas de indios, y finalmente, una epidemia de disentería se desarrolló entre ellos matando más de cuarenta personas diarias, cuando llegaron al fin, entre Loreto y San Ignacio Miní.

Más o menos frente a las ruinas, se halla una gran

piedra en medio del río, y según la tradición, allí se fueron a pique las canoas que los jesuitas traían cargadas con una parte de los tesoros de las reducciones del Guayra, mientras la otra parte fue enterrada donde hoy existen las ruinas.

Para cuidar esas riquezas, vive allí una gran serpiente que ataca a los que se aproximan, de modo que hay mucha gente que por nada se anima a penetrar en las ruinas.

PARTE II

FOLCLORE DE LOS VALLES CALCHAQUÍES

A Samuel Lafone Quevedo

CAPÍTULO 4

COSTUMBRES Y SUPERSTICIONES DE LOS VALLES CALCHAQUÍES

I. LA REGIÓN CALCHAQUÍ - II. LA COCA Y SU ACCIÓN - III. LA
PACHA MAMA - IV. CREENCIAS RELIGIOSAS - V. ENFERMEDADES Y
MODO DE CURARLAS - VI. PRÁCTICAS FUNERARIAS - VII. LA SIEMBRA
- VIII. LA YERRA EN LAS CUMBRES - IX. CARNEADA DE ANIMALES
- X. LA CAZA DE VICUÑAS - XI. APACHETAS - XII. EL FAROL - XIII.
CASAMIENTO Y COMPADRAZGO - XIV. EL CARNAVAL - XV. TOMA
DE POSESIÓN DE UN TERRENO - XVI. NOMBRES DE FAMILIA.

I. LA REGIÓN CALCHAQUÍ

El medio en el cual se practican las costumbres y se hallan arraigadas las supersticiones descriptas en el presente trabajo, es el Valle Calchaquí, en la provincia de Salta.

En los valles, que se extienden hacia el sur como continuación de éste y penetran en las provincias de Tucumán y Catamarca, muchas de estas mismas supersticiones y costumbres forzosamente deben hallarse más primitivas y depuradas de los agregados que otros hombres y otras civilizaciones han superpuesto en ellas, alterándolas.

Con ansia espero el prometido trabajo de mi buen amigo y distinguido americanista señor Lafone Quevedo, sobre este tema, para poder dilucidar una cantidad de puntos oscuros aún, en el folclore calchaquí, trabajo que en mucho ayudará a los aficionados a estas cosas para que puedan darse clara cuenta del pasado de esos indomables indios que supieron luchar con rara energía contra el invasor español.

La población actual de los valles pertenece en su mayor parte a los restos de aquella raza de valientes.

La región calchaquí, como medio, no puede ser más inapta para la lucha por la vida, ingrata como es, con montañas áridas, desoladas, en las que sólo se eleva majestuoso el espinudo cardón (*cereus giganteus*) de aspecto funerario y barrido constantemente por vientos furiosos.

En los valles y quebradas de tierra muy fértil se lucha con la escasez de agua, que el hombre debe conquistar a fuerza de múltiples y pesados trabajos.

Los calchaquíes, aislados entre aquellas montañas abruptas, siempre en guerra con los pueblos vecinos, debiendo disputar su alimento a la naturaleza inclemente, con sacrificio sin cuenta, sufriendo las consecuencias de un clima parco en lluvias, forzados a trepar cerros, a bordear precipicios cuya profundidad espanta, y siempre pobres, siempre esclavos de esa vida de labor sin descanso, debieron forzosamente ser un pueblo viril y rudo y, por lo tanto, supersticioso.

Vagando por las montañas, oprimido el pecho por la puna, cansados sus miembros por el continuo ejercicio entre las breñas inaccesibles, sobrecogidos de pronto por fuertes nevadas que se desencadenaban de vez en cuando en las alturas, oyendo el hórrido retumbar del trueno entre los abismos y quebradas, presenciando fenómenos eléctricos o de espejismos y, finalmente, perseguidos sin cesar por la adversidad en gran parte de sus empresas, los calchaquíes hicieron intervenir en todo esto a la fatalidad sobrenatural representada por un numen a quien había que conjurar: el Chiquí o Vatí.

La tendencia del hombre a crear sus dioses según su

propio retrato, hizo que el Chiquí tuviera los caracteres morales de los calchaquíes y, por esto, lo encontramos vengativo, sanguinario, feroz como ellos, y al que sólo aplacaban conjurándolo con holocaustos sangrientos que le ofrecían, con más o menos abundancia.

Como esto no bastase, y el Chiquí, a pesar de todo, continuara inexorable, nació entre ellos la idea, o quizá les fue importada, de propiciarse genios tutelares que tuvieran suficiente poder para conjurarlo, y de aquí surgieron prácticas sangrientas, sacrificios de niños, quienes enterrados en preciosas urnas cerca de sus viviendas, velaban por la felicidad general, combatiendo el numen adverso.

La invasión peruana agregó el culto de la Pacha Mama y muchas otras prácticas supersticiosas y, finalmente, la dominación española cubrió todas esas creencias con un barniz católico, que las modificó en parte, pero sin destruirlas del todo.

El presente trabajo trata de las costumbres y supersticiones que he podido recoger sobre las dos últimas épocas, es decir, desde la invasión peruana hasta nuestros días.

Durante seis meses de permanencia en aquellos apartados valles, me he ocupado incesantemente del folclore, ya sea tomando datos nuevos o verificando los que ya poseía, a fin de depurarlos en lo sucesivo de los agregados posteriores y de aseverarme de su estricta verdad.

Los actuales calchaquíes son muy desconfiados, no gustan hablar de estas cosas, puesto que siempre temen la burla de quien los oye y porque, en su mayor parte, las ceremonias revisten para ellos un carácter íntimo, que efectúan sólo dentro de su comunidad, para sustraerse a la vista de las personas profanas, de quienes están seguros que no han de recibir aprobación.

En los pueblos, en las iglesias, oyendo a los sacerdotes, niegan la práctica de estas ceremonias, y las ocultan, quizás, hasta en la confesión; puede ser que algunos hagan propósito de enmienda, pero en llegando a sus montañas, colocados de nuevo en su ambiente, la herencia vibra otra vez en sus cerebros, el temor a la Pacha Mama surge en ellos, y las ofrendas y libaciones en su honor se repiten en cada una de sus faenas, con la persistencia de un rito.

Las prácticas cristianas, aprendidas a medias, y las supersticiones derivadas de ellas, nacen a su vez; y ante este conflicto de lo sagrado y profano, el cerebro inculto del indio no halla otra solución que la de asociar ambas cosas, y de allí esa curiosa promiscuidad de los dos ritos, hallables a cada paso en sus ceremonias.

La tarea de recopilación la he emprendido desde Tolombón hasta Cachí, y no pocas excursiones a los valles interiores de los cerros de los quilmes he efectuado sólo con ese objeto.

La más importante y la que mayores datos me dio fue la que hice con mi buen amigo Juan R. Uriburo, al establecimiento llamado el Pucara, de propiedad de su señor padre.

El Pucara se halla situado al oeste del Valle Calchaquí.

Se penetra por una quebrada situada frente al establecimiento de La Cabaña, y tomando rumbo sur se llega al Pucara que, más o menos, viene a quedar al oeste, frente a San Rafael, entre Gualfín y Guasamayo.

Allí, durante la noche, gracias a la buena voluntad de mi compañero, pude obtener varios datos de interés que me suministraron algunos peones, viendo que su patroncito se interesaba en ello; contribuyó y no poco nuestra liberalidad para obsequiarlos con un poco de coca, cigarros y uno que otro trago de aguardiente.

Asistieron a esta curiosa sesión de folclore cuatro hombres y tres mujeres, una de éstas bastante despreocupada, pues había servido durante algún tiempo a una familia del valle, y volvió al Pucara sólo después de casada con uno de los peones; gracias a ella, los demás se franquearon, y pudimos tomar algunas notas curiosas y completar otras que ya poseíamos, como ser las prácticas funerarias, la yerra, etcétera.

Vueltos a la Bodega, hoy Angostura, la señorita Clara Uriburo, hermana de mi compañero, me tenía reunidos otros datos de interés, los que con rara habilidad había podido obtener de una vieja *médica* de la vecindad, entre otros los que se refieren al abandono del Espíritu, que venían a corroborar los datos recogidos en el Pucara.

Además, previendo nuestra llegada, había citado a la tal médica, con la cual tuvimos una nueva sesión de folclore, en la que volví a rectificar los datos obtenidos, dilucidando algunas cuestiones de detalle.

En Molinos y Seclantás recogí mayores informes, que completé y rectifiqué, juntos con los demás, en Cachí, donde me fueron muy útiles los que me proporcionaran la señora de Mena, la señora de Durán y la familia del señor N. Tedín.

Debo otros datos al señor Mariani, de Molinos, y a muchas otras personas; comprobantes de los que había recogido anteriormente, o aclarando algún punto oscuro de los mismos.

Como es de suponer, no me daba por satisfecho con un dato recogido al acaso, que bien podía ser falso o sin importancia; por el contrario, lo anotaba para someterlo a la verificación de varios y fastidiosos interrogatorios a un buen número de indios, peones en su mayor parte, y de distintos puntos.

Así, pues, no es extraño que existan hechos que tengan más de treinta comprobaciones; pues recogidos incompletos en Tolombón, recién los llegaba a completar, a fuerza de trabajos, en Molinos o Cachí, para lo cual había tenido que recorrerme todo el Valle Calchaquí.

Para dar una idea de este trabajo paciente de recopilación, citaré un caso.

En Tolombón, tuve la primera noticia del lavatorio de los bienes del difunto, de un modo vago.

En las Chacras, departamento de San Carlos, supe que se efectuaba a los ocho días, y que lavaban no sólo la ropa sino también los útiles.

En la Bodega y Pucara tuve conocimiento de que ahorcaban al perro que perteneció al muerto y que quemaban las ropas.

En Molinos y Seclantás, por fin, supe el detalle del caballo y del lavatorio del viudo.

Y así por el estilo.

Esto se comprende fácilmente si se tiene en cuenta que, a medida que subía por el valle, cada vez penetraba más en regiones de menos contacto con la raza blanca.

II. La coca y su acción

Entre los habitantes del Valle Calchaquí se halla muy arraigada la costumbre de coquear, es decir, de mascar las hojas de coca.

Los peones no emprenden trabajo alguno sin hacer previamente su *acullico*, como ellos dicen, o lo que es lo mismo, ponerse en la boca una cierta cantidad de hojas de coca, que de tiempo en tiempo aumentan con otras más, a lo que llaman *yapar el acullico*.

Los que tienen esta costumbre son llamados coqueros, y para coquear necesitan la *yista* o *djista* o *llicta*.

La llicta es una composición de cenizas de ciertas plantas, ricas en potasa, mezcladas con un puré de papas hervidas, la que, una vez seca, toma un color gris o negro y una consistencia de piedra.

A ningún coquero le falta, y de tiempo en tiempo muerden un trozo, que produce, por ser cáustica, un exceso de salivación y comunica, al asimilarse las sales de potasa y sosa que contiene, con los compuestos de la coca, un sabor sui géneris, que ellos reputan el non plus ultra de lo agradable.

Como la acción de la llicta es cáustica, y atrofia, si no destruye a la larga, las papilas del gusto, el coquero es casi siempre muy aficionado a los excitantes poderosos: el ají, el alcohol, el tabaco fuerte, etcétera, porque sólo en ellos puede hallar algún sabor y porque también, a causa de los mismos, puede contrarrestar la acción deprimente de la coca.

Esta acción es de curiosa observación en los individuos por demás enviciados; por lo pronto les produce la anestesia del estómago, de modo que, por la coca, pueden pasar algún tiempo sin comer, es decir, sin hambre.

Por esta razón, muchos se alimentan mal, haciéndose la nutrición de un modo irregular; así, es raro encontrar entre los coqueros individuos gruesos.

Los sentimientos afectivos también se atrofian. Entre aquella gente, cual raras excepciones, se hallan personas de carácter jovial; sus caras son como las de las estatuas, inmóviles casi siempre, y sólo en las grandes ocasiones, cuando se encuentran bajo la acción del alcohol, prorrumpen en risotadas interminables, pero nunca continuadas.

Un indiferentismo fatalista se apodera poco a poco

de ellos, estribando toda su felicidad en poder continuar mascando las terribles hojas, y así se someten incondicionalmente a los más duros trabajos y privaciones, sin tratar de mejorar su suerte, sin hábitos de economía; sin ninguna aspiración, mientras no les falte el acullico.

En el coquero se produce el mismo vértigo que en el alcoholista, el morfinómano, el que abusa del hachís, etcétera; el sabor amargo de la coca tiene para él un encanto especial, y yapando su acullico pasa la vida en medio de sus montañas, como un sonámbulo, entregado a sus quehaceres y prácticas supersticiosas; y si, cuando baja a algún pueblo, un chispazo de luz cruza su cerebro adormecido haciéndole dar cuenta de su pobre situación, se apresura a desecharlo, ahogando sus pesares con abundante alcohol.

Los coqueros justifican a su modo este repugnante vicio, y hasta relaciones en verso tienen para ello, como la siguiente, que es la explicación de este raro placer, con todas sus consecuencias:

RELACIÓN PARA COQUEAR

Jesús, María, coca de Yungas,
contra matrimonio con Pedro.
Llicta vecino de Estarca,
Si alguno tiene impedimento
Puede manifestarlo con tiempo.
Con la muela mascarte,
Con la lengua arrinconarte,
Con la llicta misquincharte,
Con el aguardiente sazonarte,
Con el vino consagrarte,
Con la chicha refrescarte,

Con la aloja confortarte.
No coqueo por vicio,
Ni tampoco por el juicio,
Sino por el beneficio.

La coca, como se verá en el transcurso de este trabajo, juega un gran papel en todas sus prácticas supersticiosas: con ella hacen ofrendas de toda especie, siendo la base de gran parte de sus ceremonias.

Cuando están por emprender cualquier cosa, un viaje o un negocio, por ejemplo, recurren a la coca del modo siguiente: mojan con saliva una hoja entera y se la pegan en la punta de la nariz, luego dan un soplido fuerte y se fijan de qué lado ha caído: si del derecho, es suerte; si del izquierdo, desgracia.

Muchos tienen fe arraigada en la eficacia de este procedimiento y rara vez emprenden algo si la coca les ha anunciado mala suerte.

Esta costumbre muy antigua es de origen peruano, puesto que en la época precolombiana existían hechiceros que adivinaban las suertes, haciendo saltar la saliva de la mano o el zumo de la coca hacia donde se hallaba lo perdido; estos sacerdotes se llamaban Achicchacamac[1].

Si han parado rodeo de ganado vacuno y ven que faltan algunos animales, los camperos o encargados de reunirlos empiezan a coquear y separan del montón tantas hojas grandes o chicas como animales falten, novillos, vacas grandes o terneros, diciendo, al sacar una por una: ésta es la vaca jaguané, éste es el novillo colorado, ésta es la ternera osca, etcétera, según los colores de cada uno.

De este modo, creen que tales animales no se perderán y caerán pronto al rodeo.

---

[1] Véase Samuel Lafone Quevedo, *El culto de Tonapa*, Museo.

III. La Pacha Mama

La Pacha Mama, dice, y con razón, el erudito americanista don Samuel Lafone Quevedo, es el nombre que se da en muchas partes al numen local o *genius loci*. Parece que fuera la fuerza femenina del Universo.

Este autor agrega: "El culto de la Pacha Mama, fálico como es, simboliza la fe en la fuerza reproductiva de la tierra, ideada como en el seno de la mujer".

La traducción de estas palabras es Madre de la Tierra (*Pacha*, tierra; *Mama*, madre); pero todos los calchaquíes de Salta traducen Madre del Cerro o de los Cerros, puesto que creen que ella tiene sentados sus reales en aquéllos.

En el Pucara, preguntando a una mujer, que en esto del folclore mucho me sirvió, a propósito de lo que era la Pacha Mama, me dijo:

Que era una mujer vieja, madre de todos los cerros y también su dueña, pues en ellos vivía.

Si por casualidad algún viajero, andando por los cerros, llegaba a verla, quedaba irremisiblemente en ellos desde ese momento o volvía a su casa tan influido que el retorno a la mansión de la Pacha Mama se hacía rápidamente imprescindible.

La clase de influencia que podía ejercer sobre los hombres no me la supo explicar; pero mucho me sospecho que ésta tenga algo que ver con alguna unión semimarital, parecida a las que se hallan en algunas leyendas guaraníes[1]; total, un algo que apunta hacia lo fálico.

---

[1] Véase nuestro *Folclore misionero*, leyendas de la Caá-Yarí y Caá-Porá.

De ese modo se explicaría que haya tanta gente aficionada a vivir en los cerros y el no retorno de los desaparecidos.

Siendo la madre de los cerros, hay que propiciársela en todo tiempo, porque de ella depende el éxito de cualquier faena que esté vinculada con la producción.

Su gran influencia llega hasta las personas, las cuales no comen, ni beben, ni coquean, sin antes derramar la parte que corresponde a la Pacha Mama, invocándola de palabra o mentalmente con la frase consagrada: *Pacha Mama — Santa Tierra — Kusiya-Kusiya*; es decir, Pacha Mama, tú que eres dueña de la santa Tierra, haz que esto me haga buen provecho, o me vaya bien en la faena que voy a emprender.

En el curso de este trabajo se verán las ofrendas que se le hacen, en el detalle de las diferentes ceremonias, por las cuales el lector se dará cuenta de la omnipotencia que le adjudican.

Esta veneración por la Pacha Mama no tiene límite, y raro es, entre la gente de allí, el que no le haya hecho su ofrenda por cualquier causa.

Si se trata de un viaje, se la invoca; al pasar por ciertos lugares se hace lo mismo y se deposita el acullico; si se extrae arcilla para hacer objetos de alfarería, se la retribuye con cualquier ofrenda, etcétera.

A propósito de esto último, me ha sido referido que cerca de Seclantás hay un gran socavón, del cual, hace años, las mujeres extraen una arcilla baya para fabricar sus tinajas, y que colocadas en las grietas del mismo hay un sinnúmero de ofrendas, consistentes en pedacitos de trapos, envoltorios de coca, llicta, papel, tabaco, cigarros y otros muchos objetos sin valor, puestos por las mismas mujeres.

IV. Creencias religiosas

El elemento indio de la población del Valle Calchaquí puede decirse que no tiene fe religiosa, en el sentido verdadero de la palabra.

Es puntual en la observación de las fiestas y ceremonias religiosas, como también lo es cuando se trata de hacer ofrendas, de invocar a la Pacha Mama; de modo que en él la religión cristiana no ha hecho más que aumentar el número de sus supersticiones, sin disminuirle las muchas que ya tenía cuando los españoles entraron en esa región; lo único que el credo católico ha conseguido allí es simplemente modificar ciertas prácticas crueles y obscenas que en una época, parece, estuvieron muy en boga entre ellos.

El cerebro poco educado, infantil casi, de los indios que me ocupan, demasiado influido por la herencia de sus costumbres primitivas, no podía entrar de lleno en una evolución progresiva hasta poder comprender el ideal religioso sin tropezar en ese camino con los mil obstáculos que le oponía la fuerza regresiva del atavismo de supersticiones que pesaba sobre ellos.

Este empacamiento intelectual, diremos, no es un fenómeno muy raro; por el contrario, todos los días lo observamos aun entre nosotros, en los individuos cuya educación ha sido limitada o carece de una base sólida.

La senda de la evolución religiosa es sumamente difícil de ser recorrida sin una preparación que preste a la mente una serenidad tal que le evite caer en la superstición.

En la clase del pueblo, y aun en la media, no es difícil hallar ejemplos a cada paso; y si así no fuera, no podrían vivir tantos charlatanes, adivinas y demás gentes del oficio, que medran al amparo de la estupidez o credulidad infantil que es inherente a las cuatro quintas partes de la humanidad.

Entre los jugadores y hombres de deporte, aun cuando sean de la mejor clase social, es frecuente también la superstición, y de allí ese cúmulo de mascotas o talismanes que muchos poseen para propiciarse la buena suerte en sus vicios del tapete verde; todo esto combinado con mil cálculos que todos hacen, sin fijarse que el juego es de azar y desbarata en un momento todas sus ilusiones.

Ahora bien, si la superstición se halla aún arraigada poderosamente hasta en las grandes ciudades, ¿qué extraño tiene que también haya sentado sus reales en el cerebro inculto de los indios?

Además, los indios, subyugados, oprimidos por la codicia jamás satisfecha de los conquistadores y encomenderos, nunca pudieron comprender las razones por las que se les predicaban los principios de una religión, los más igualitarios y morales que existen y en los cuales flotan los sentimientos sublimes de amor y caridad, ya que esos principios con ellos no se practicaban.

Faltándoles esta base, los indios no vieron en los sacerdotes sino la continuación de sus agoreros, y en las imágenes otros fetiches menos monstruosos que los que antes adoraban.

Siguiendo las tendencias infantiles, que son inherentes a todos los salvajes, los indios se apasionaron por las imágenes, en las que veían figuras humanas, reconocibles a primera vista, y por las ceremonias religiosas que les imponían con su pompa y los entretenían con la participación que en ellas tomaban.

El incienso, los ornamentos vistosos de los sacerdotes, la multitud de velas en los altares, las flores, el ornato de los templos, las procesiones con su cortejo de banderas, músicas, cohetes y descargas de fusilería, todo ese conjunto llamativo debió naturalmente herir su imaginación infantil, y sin esfuerzo alguno abrazaron desde el primer momento una religión que les proporcionaba pasatiempos agradables, pero cuyos principios no entendieron nunca.

Como todo esto era cuestión de exterioridad, conservaron en su ser íntimo la religión de sus abuelos tanto más fuertemente cuanto que sus prácticas eran prohibidas y vituperadas prima facie, sin explicaciones ni razonamientos sencillos y convincentes, resultando con ellos lo que sucede con todos: cuanto más se prohíbe una cosa, mayor deseo se tiene de ella.

Todas las familias indígenas poseen, en general, una imagen del santo de su predilección, ya sea pintada, ya de bulto: estas últimas de pequeño tamaño.

En su mayor parte son importadas de Bolivia y de una factura generalmente tosca y bizarra.

Casi todas se hallan encerradas en cajoncitos con dos puertas en su parte anterior, de modo que pueden abrirse y cerrarse a voluntad, pintadas con colores chillones.

Algunos de estos cajoncitos tienen tres santos; uno, el principal, ocupa el centro, y los otros dos, de yeso pintado, se hallan pegados en la parte interna de ambas hojas de las puertas.

Cuando no han podido conseguir santos de bulto, los sustituyen con otros de yeso o pasta en alto relieve, encerrados en relicarios o medallones de lata o metal, con su correspondiente vidrio para que puedan ser vistos.

Para la fiesta del santo, todos los años lo llevan al pueblo más próximo, a fin de hacerle decir una misa, casi siempre cantada, con la procesión de ordenanza.

La conducción del santo se efectúa colocándolo en unas angarillas especiales, con un toldo que lo cubre totalmente, a fin de que no tome sol; cuatro personas, de cualquier sexo, lo llevan en andas, precedidas por otra, también a pie, generalmente un hombre que, durante la marcha, va tocando la caja o tamboril.

Este personaje o cajero, como allí lo llaman, es indispensable en toda conducción de santos, pues sin este requisito no andaría bien, o no quedarían satisfechos los que lo van a festejar, por creer que él forma parte principal de los honores que se le deben tributar.

El tamboril es circular y de aro bajo; tiene una vaga reminiscencia con las cajas prusianas de guerra; generalmente lo llevan suspendido con la mano izquierda, o colgado debajo del brazo del mismo lado, y es tocado con uno o dos palillos que tienen en su extremidad una pelotilla de trapo.

De este instrumento se sirven también para acompañarse en sus cantos de carnaval. Casi todos los ranchos poseen uno y son de un peso muy reducido.

Detrás del santo van algunos fieles a pie, rezando el rosario o cualquier oración, y luego, en larga fila, siguen los demás acompañantes, hombres, mujeres y chicos, encaramados en caballos, mulas y burras, ya solos o con alguno en ancas.

De tiempo en tiempo, los que llevan el santo en andas se remudan con otros de los que vienen a caballo, montando los relevados a su vez, para descansar un poco.

Sólo el cajero sigue sin relevo durante toda la marcha, aun cuando ésta sea de diez leguas, fiero de su puesto y gozando al son monótono de su instrumento, el que difícilmente cedería a otro.

Llegados al pueblo, se hace repicar para que se reciba dignamente a la imagen, disparándose al mismo tiempo varios escopetazos y haciendo estallar algunas gruesas de cohetes.

Antes de llevar la imagen a la iglesia, se la conduce a casa de alguna vecina para componerla.

Hay ciertas personas que se ocupan de esto, y tienen ya preparadas varias guirnaldas de flores de trapo y de papel, con que adornan el templete debajo del cual se halla el santo.

Algunas *compositoras* lo hacen por fe religiosa y otras como pretexto para vender algunas tinajas de chicha fabricada ad hoc para el consumo de sus numerosos clientes, los que son infaltables en las fechas respectivas.

Compuesta la imagen, hay nuevos repiques, nuevos tiros y nuevos cohetes, y en medio de toda esta batahola se la lleva a depositar en la iglesia, donde queda hasta el día siguiente, colocada a la derecha del altar mayor, sobre una mesa, para decirle su misa correspondiente.

Esa noche los fieles, para empezar a festejar al santo de su devoción, se entregan a libaciones copiosas y a los pintorescos bailes de la tierra, pero a pesar de todo nadie falta a la función religiosa de la mañana siguiente, pues saben en estas ocasiones conservar su integridad individual en el justo medio.

La fiesta religiosa se compone de una misa cantada, con mayor o menor pompa, según los posibles de los fieles, y de una procesión de la imagen alrededor de la plaza, precedida por los que costean la fiesta, que en este caso se llaman *alféreces* y que llevan, el que tiene mayor derecho, una bandera o estandarte y los otros dos que le siguen en contribución, unas cintas que penden del asta de aquélla; además, todos cargan con un cirio encendido.

De tiempo en tiempo estos tres personajes hacen un alto y se dan vuelta, saludando con el estandarte, a lo que llaman hacer la venia al santo.

Delante de todos va la música, generalmente un clarinete y un bombo, y al lado de éstos el cantor de la iglesia, que recita unos salmos con acompañamiento de esta singular orquesta, que a intervalos, mientras que aquél descansa, cambia de tiempo y ejecuta una alegre marcha. Las campanas continúan repicando durante todo el trayecto, mientras los encargados de la pirotecnia redoblan sus esfuerzos reventando cohetes y descerrajando fenomenales disparos con sus fusiles de chispa o fulminante, cargados con porciones inverosímiles de pólvora.

Una vez vueltos a la iglesia, hacen buena provisión de pólvora, cohetes y alcohol, y con las mismas fórmulas se llevan el santo a sus domicilios, donde se hace el *misa chico*.

El *misa chico* consiste en rematar algunos adornos del santo, divididos en porciones diminutas que llevan los asistentes a sus respectivas casas para que les sirvan de reliquias.

Por éstos, cada uno da un tanto en dinero, el que se conserva para ayudar a pagar las costas de la función que le harán el año próximo.

Terminado el *misa chico*, guardan el santo con quien ya nada tienen que hacer, puesto que han cumplido con él, y al son de la música terminan la fiesta del modo acostumbrado: alcohol y baile.

Esto último demuestra, una vez más, lo ya afirmado sobre las creencias religiosas de aquella gente.

Para ellos todo está en el cumplimiento de las prácticas correspondientes a tal o cual ceremonia; ésta terminada, se consideran tan libres de compromisos religiosos como el primer día, y se entregan ingenuamente a los mayores excesos, con la tranquila conciencia del deber cumplido.

Hecho curioso fue el ocurrido, no ha muchos años, en el distrito de Payogasta.

Ocurriósele a un señor sacerdote, para redimir almas, organizar una procesión de penitentes con todo su cortejo de flageladores y demás arrepentidos; era como un trozo de la Edad Media transportado a aquel rincón de los valles, en pleno siglo XIX.

Los penitentes se portaron. La mayor parte llevaba pedazos de *cácteas* en la cabeza, sufriendo los pinchazos de las espinas y cargando unas pesadas cruces en los hombros, flagelándose los otros las desnudas espaldas con disciplinas fabricadas al efecto, caminaban algunos a duras penas a causa de los granos de maíz que habían colocado en sus botines, en tanto otros precipitaban los cuerpos contra las zarzas y espinas de los cercos vecinos; y todos, hombres y mujeres, llenos de santo arrepentimiento, lloraban fuertemente dando furibundos alaridos, en la intención, sin duda, de quitar de sus cuerpos los pecados. Marcharon así gran trecho, purgando penas reales o imaginarias, al son del chasquido de los látigos y bajo el peso aplastador de las cruces.

Tarde ya, terminó la procesión. Una hora después, los penitentes, reunidos en casa de unas de las *Magdalenas* que más arrepentimiento y celo demostrara por el llanto vertido y los disciplinazos que se diera, se entregaban a un baile pintoresco y a un beberaje desenfrenado, para resarcirse, quizá, del mal rato pasado, cuyas penitencias y mortificaciones parecían haberlos excitado más.

Con respecto a los santos que poseen y por los cuales son tan afectos, tienen también sus ideas raras.

Los más preferidos son los que se hallan representados con animales, de los que los creen protectores, algo así como cuidadores celestiales de los que ellos a su vez poseen.

De aquí que San Marcos presida sus yerras, por estar pintado con un toro. San Juan la marca de corderos, por estarlo con uno de éstos. Santiago las carreras y todo lo concerniente a los caballos, porque monta uno, y así por el estilo.

En el día de este último hacen hervir el maíz en mazorca, operación que llaman *tistincha*, y lo comen rezando padrenuestros y credos.

En muchas casas convidan a los vecinos y hacen galopar a los caballos para que no mueran. Casi siempre hay carreras en esas ocasiones.

Para San Juan juegan con baldes de agua, como si fuera carnaval, y hacen, en la noche anterior, grandes fogatas, incendiando las plantas secas de las márgenes del río Calchaquí, lo que da por resultado, muchas veces, que ardan grandes extensiones y el fuego se comunique a los numerosos cercos de rama de los potreros vecinos.

Santo con el que no guardan muchas consideraciones es con San Antonio, quien según ellos necesita mucho rigor.

Invocado cuando se buscan objetos perdidos, es sometido, de no hallárselos, a las siguientes afrentas: se le tapa la cabeza con un trapo colorado, se lo tira o se lo clava de cabeza en el suelo, lo arrojan a las tunas y cácteas, lo retan y castigan, le hacen pisar dinero y hasta, por fin, se lo pisa en un mortero.

Muchas de estas creencias son de origen español y boliviano; a propósito de ellas referiré una práctica curiosa, ya perdida, pero que hasta el año 1873 o 74 subsistió cerca de la ciudad de Salta, en un barrio especial llamado del Chañar, en su mayor parte habitado por bolivianos conocidos bajo el nombre de cochabambinos por ser, en su casi totalidad, naturales de la provincia de Cochabamba.

Todos los años hacían una fiesta especial, con el objeto de sacar almas del purgatorio. Colgaban de un alto árbol un columpio, en el que los voluntarios se hamacaban hasta poder alcanzar los gajos superiores. De conseguirlo, el alma salía del purgatorio; de lo contrario, quedaba en él hasta conseguir el éxito de una nueva tentativa.

No es difícil comprender que en este peligroso juego más de uno sufría un buen porrazo, fracturándose una costilla o un miembro cualquiera, sin que por ello la fiesta cesara, antes por el contrario, abundaban los porfiados, que envalentonados por el alcohol ingerido en la jarana general, tentaban su suerte.

Tan singular costumbre, de probable origen remoto, pertenece, seguramente, a la época precolombina; algún día se hallará su razón de ser; por ahora no es posible más que consignar el dato.

V. Enfermedades y modo de curarlas

Cuando aquella gente se siente enferma, revelando los síntomas de una afección, diagnostican inmediatamente, si el paciente es varón, que se le ha subido el *padrón*; si es mujer, que la *madre* ha cambiado de lugar.

Tanto la madre como el padrón son órganos especiales que creen que llevan suspendidos en el interior del cuerpo, entre el pecho y el vientre.

Como son sumamente desconfiados y por lo tanto reacios para tomar medicamentos, llaman a sus médicas a fin de que los curen.

Éstas, después de sus diagnósticos, les administran brebajes de yuyos silvestres o hacen ciertos exorcismos con cintas azules.

Muchos, como he tenido ocasión de observar en Cachi, llevan como preservativo para toda enfermedad y desgracia una pequeña cruz de palitos delgados, cosida en la copa del sombrero en la parte delantera, a semejanza, aunque más pequeñas, de las llevadas por los soldados católicos en Francia en tiempo de los hugonotes.

Otros, para vivir muchos años, no trepidan en tomar sangre de cóndor, por creerlo animal de larga vida, y según ellos incorporan así a su economía las propiedades que posee aquella ave.

Esta creencia es común a muchos pueblos y conocida es de algunos la costumbre de comerse, después de un combate, el corazón o parte del enemigo muerto, para incorporarse así su bravura.

Entre los guaraníes se nota el uso o la fabricación de objetos con material animal y con el mismo fin; así entre los yerbateros paraguayos existe la costumbre de hacer las alzas o correas para conducir a hombro la yerba, de cuero de tapir, pues dicen que como este animal es de muchas fuerzas, las correas se las trasmiten a ellos.

Pero la superstición más curiosa que tienen es la de que, según diagnóstico de la médica, al enfermo se le ha ido el esperito (espíritu), cuando se halla en estado comatoso, o medio loco, o causa de un gran golpe o de una formidable borrachera y en cualquier otro caso en que haya algún síntoma mental.

Creen en la existencia de un espíritu o alma, que tiene la facultad de desprenderse del cuerpo, dadas ciertas circunstancias especiales. Propiedad esta que suponen más desarrollada en los niños; de aquí que haya madres que para evitar que los hijos pierdan el espíritu, los fumigan con basuras que recogen en los cuatro ángulos de la casa, prendiéndoles fuego después de rezar un credo.

Otras, más previsoras, hacen recorrer, además, todas las tardes y por otras chinas, los lugares por donde sus hijos han pasado, con el objeto de que llamen a gritos a

125

los espíritus respectivos dándoles el nombre de sus dueños; esta prudente medida dificulta la probabilidad de que algún espíritu rezagado y andariego no pueda retornar a su redil.

Entre las personas de cierta edad hay además la creencia de que, cuando duermen sin soñar, el espíritu se les ha alejado.

Cuando a un enfermo, en virtud de un síncope, etcétera, se le ha ido el espíritu, encargan su busca a la médica, la que, mediante remuneración establecida, desempeña gustosa el encargo.

La ceremonia, muy interesante, ha de efectuarse de noche y al oscurecer: empieza la médica por averiguar el lugar por donde el enfermo ha andado, que ha de ser, sin duda, un cerro, ya que en éste debe hallarse lo que lo ha asustado: la visita de la Pacha Mama, por ejemplo.

En seguida, y antes de dirigirse al punto indicado, pone una vela encendida debajo de un *virque* o tinajón de barro, en la puerta de la habitación del enfermo, y lleva, si éste es hombre, su faja, y si es mujer, un rebozo. Luego, y acompañada por dos hombres contratados para el caso, que toman a causa de la función que desempeñan el nombre de gritadores y llevan hachones encendidos o tizones ardiendo, marcha la médica hacia el lugar donde presume encontrar el espíritu calavera.

A él llegada, liba en honor de la Pacha Mama y entierra chicha, comida, coca y llicta, pronunciando la siguiente oración cristiano-pagana:

Pacha Mama-Pacha cauca
Pacha luntu-Señora Santa Ana
Ondura aucu marco
Patrón largapúai
Amacutichipuaicho.

126

Copla que tiene el significado de un pedido hecho a la Pacha Mama o madre del cerro, para que libere el espíritu y no lo retenga allí.

Después, revolcando sus tizones en el aire, los gritadores llaman al espíritu, pronunciando a grandes voces el nombre del enfermo, al mismo tiempo que dándose vuelta todos acompañan, sin mirar hacia atrás, a la médica que arrastra por el suelo la faja o el rebozo hasta llegar a la casa del enfermo, en cuya habitación penetran. Retira la médica la vela del tinajón y con ella en la mano, después de haber colocado debajo de la cama del enfermo la prenda arrastrada, da vueltas alrededor de aquél, rezando un número conveniente de credos. Coloca asimismo debajo de la almohada la vela apagada y se retiran los presentes de la habitación dejando solo al paciente hasta el día inmediato, para que pueda, sin ser molestado, retornar el espíritu a su cuerpo.

Tal superstición recuerda el *doble* de los antiguos egipcios, ya que sin darse cuenta los calchaquíes no identifican el espíritu con el alma, puesto que aquél puede alejarse continuando vivo el individuo, de donde cabe suponer que para su modo de pensar es una segunda alma, un doble.

VI. Prácticas funerarias

El enfermo está mal, reina en el rancho un profundo silencio apenas interrumpido por los sollozos ahogados de alguna mujer que presiente un desgraciado fin. Los hombres, inmóviles los rostros, toman actitudes de estatuas; a veces se nota en ellos el cambio del acullico en la boca, o que muerden un pedazo de llicta, en tanto que en la cocina hierve en la olla de barro el locro cotidiano o el yuyo medicinal que ha de tomar el enfermo.

Hombres y mujeres, los sombreros puestos, aguardan con resignación fatalista, sentados o de pie, que el alma tenga su desenlace, y vienen o se van, para volver luego, con andares de sombras.

Empieza el delirio agónico. Se miran los circunstantes con angustia, escuchando dolorosamente las frases incoherentes del moribundo. Declara con voz persuasiva un viejo que menea tristemente la cabeza, que todo está por concluirse porque al enfermo lo ha abandonado el espíritu para recorrer en esos momentos los lugares familiares y despedirse de ellos y los amigos que allí tuvo.

El período del estertor sobreviene, el enfermo se muere, razón más que suficiente para que sin aguardar el último suspiro, después de cubrirle la cara con un pañuelo, se alejen los suyos dejándolo morir en paz.

Tal abandono, que a muchos parecerá crueldad inconcebible, representa, sin embargo, un progreso moral en los calchaquíes actuales, ya que no hace aún muchos años los agonizantes eran *despenados*, y en prueba de ello transcribo un párrafo del señor Lafone Quevedo[1] que habla de tan bárbara costumbre.

"En aquellos tiempos, cuando recién llegué al país, había ciertas mujeres que solían ser llamadas para ultimar, como enfermeras, a esos desgraciados que prolongaban demasiado la agonía de la muerte.

"Los curas y autoridades perseguían esta horrenda costumbre, pero se hacía con gran sigilo; la del hecho no

---

[1] "Londres y Catamarca". Cartas a *La Nación*, 1883-85, Imprenta y Librería de Mayo, 1888, pág. 124.

creía pecar ni venialmente, y muchos infelices anticipaban su viaje a la eternidad, con un movimiento de artista que les quebraba el espinazo.

"Es horrible este cuadro, pero, más tarde, los llorones, a gritos, hacían honor al muerto y el padrenuestro y otras oraciones cantadas antifónicamente reproducían ceremonias del tiempo de la idolatría, vestidas con algo de los símbolos del cristianismo que ponía remedio al mal".

Al día siguiente, al llevarlo a enterrar, los deudos prorrumpían en gritos, la viuda destrenzada, y con el pelo suelto, marchaba delante del ataúd lanzando gemidos y llorando copiosamente. De no ser así, los encargados del transporte del cajón no podían efectuarlo, porque aumentaría de peso extraordinariamente[1].

Al depositarlo en la fosa, el cónyuge sobreviviente derrama sobre el cajón en forma de cruz un puñado de tierra, los demás se despiden del mismo modo y la llenan clavando sobre ella una cruz de madera. Dentro del cajón una mano piadosa ha colocado un atadito de coca y llicta.

Han pasado ocho días y aún la viuda continúa con el cabello suelto.

Los parientes y amigos vuelven a reunirse en la casa mortuoria para proceder al lavatorio, para lo cual la noche anterior han velado las ropas del muerto, colocadas en una mesa o en el suelo, pero de modo que imiten la forma humana.

Al día siguiente y temprano se dirigen todos hacia el río o arroyo más próximo, llevando el caballo ensillado,

---

[1] Cuando se trata de personas casadas, es de práctica que el que queda viudo encabece el acompañamiento, porque si no dicen que el cadáver no quiere ir al cementerio.

el perro y todos los objetos pertenecientes al finado, sin olvidar las ropas, el arado, la pala, en una palabra, todo lo que en vida usó[1].

Una vez allí, los amigos comienzan por lavar a la viuda haciéndola bañar y luego, ya bien lavada la cabeza, la peinan[2].

Terminada esta operación, proceden al lavaje minucioso de todos los útiles; al caballo, después de lavado, lo tusan y lo componen, largándolo en seguida.

Al perrito, luego de realizado el indispensable lavaje, le dan de comer bien, concluido lo cual lo ahorcan y lo entierran junto al sitio del baño para que su alma sirva de cabalgadura a la del finado.

Vueltos a la casa mortuoria, planchan, si es posible con toda prolijidad, la ropa lavada y algunos la queman, seguramente para que vaya también a reunirse con su antiguo dueño, mientras otros la guardan hasta el cabo de año, para usarla sólo después de la ceremonia que entonces efectúan.

Para esa época vuelven a reunirse los parientes y amigos, si les es posible, para dirigirse al pueblo más próximo donde harán oficiar una misa por el descanso del alma. Terminada la cual retornan a la casa mortuoria, prorrumpiendo, al llegar, en grandes gritos y lamentaciones a los que hace coro la desolada viuda.

Se sientan luego alrededor de la casa y conversando en voz baja se entretienen en coquear y tomar chicha u otras bebidas alcohólicas hasta las doce de la noche, hora en que la viuda aparece de pronto, vestida con un traje de color rojo que indica la terminación del luto y en-

---

[1] Si la muerta ha sido mujer, llevan sus husos, peines, lizos y demás piezas del telar, ollas y todos los objetos que le pertenecieron.

[2] En Molinos últimamente lavaron a un viudo de setenta años, quien sufrió, de resultas del baño, una neumonía que lo mató.

tonces los presentes abandonan su compostura e inician un baile que se prolonga hasta el día siguiente, en medio de sendas libaciones y gran algazara.

Llega el 1° de noviembre, día de todos los santos, en el cual en todos los lugares se prepara la cena de las almas de los que murieron, la que ha de efectuarse en esa noche, como víspera del día de difuntos. Para ello los deudos, vestidos de luto, matan cabras, cerdos, gallinas, etcétera, que cocinan esmeradamente.

Preparan una mesa, colocando tantos platos como muertos haya habido en la familia y un número igual de velas encendidas, lo mismo que las primicias de las frutas secas conservadas para el acto, los primeros quesillos, la primera chuchoca[1], la mejor coca, cigarros, abundante aguardiente, chicha y aloja de algarrobo, preparada al efecto; en una palabra, todo lo mejor de que disponen en comestibles, bebidas y vicios. Cierran entonces las puertas para no penetrar en el cuarto hasta el día siguiente.

Rezan durante la noche el rosario y velan al exterior del cuarto, esperando que las almas, que ellos suponen de viaje, vengan a servirse sus porciones.

A las doce del otro día, abren las puertas, y después de haber enterrado en el fogón parte de las vituallas o arrojar, como hacen otros, las provisiones de los muertos al fuego, se reparten el resto entre los asistentes, quienes, a la salud de los que fueron, se entregan a las libaciones acostumbradas, en medio de una general jarana terminada algunas veces con bailes y cantos.

Tan curiosa costumbre de indudable origen indígena se asemeja, por sus ofrendas de alimentos a los muertos,

---

[1] Chuchoca es el choclo o maíz verde secado al horno, para ser empleado después como el maíz común en el locro.

a las prácticas antiguas y análogas de los egipcios. Lo que más la distingue es la idea formada con respecto al medio de supuesta comunicación con los extintos.

El fuego es el vehículo comúnmente de mayor empleo, pasando por él la ropa, los útiles, la comida, etcétera, para que en la forma espiritual de humo se eleven hasta las regiones donde suponen que las almas moran; no es extraño así que en otro tiempo, al sacrificar un animal, lo hayan también quemado, práctica hoy interrumpida, como se vio cuando del sacrificio del perro nos ocupamos, sin duda a causa del tiempo que demandaba y por tratar los calchaquíes actuales de abreviar sus ritos en el deseo de ocultarlos mejor al conocimiento de los profanos, de quienes temen ser juzgados idólatras.

Pero de cualquier modo, este culto a los muertos no deja de tener un gran fondo de sentimiento, afirmando de un modo indiscutible que los calchaquíes creen en la inmortalidad del alma.

VII. La siembra

Para las siembras, de igual suerte que para las siegas, trillas, deshojamientos de maíz y demás faenas rurales, si son hechas en casa de pequeños propietarios, no faltan comedidos que a ella voluntariamente se presten, gracias a las fiestas sucedáneas o inherentes a las ceremonias que con tal motivo se practican.

Para iniciar la primera, el dueño de casa se provee de dos toritos de barro cocido y de color rojo, ya sueltos o sobre una plancha de arcilla del mismo color, los que deben tener dos aberturas, una en la boca y otra en el lomo y un tamaño que varía entre veinte y treinta centímetros. Dentro de uno de ellos echan aguardiente y del otro chicha de maíz.

Hacen, además, otro torito de llicta.

Llegado el momento de la siembra y hallándose reunidos todos los participantes, adornados con cintas, flores y moños de diversos colores, sean hombres o mujeres, el dueño de la casa carnea el torito de llicta y reparte los trozos para que coqueen.

Se dirigen luego al lugar en que se hallan amontonadas las espigas de maíz destinadas a proporcionar el grano que ha de sembrarse, hacen derramar sobre ellas, por la boca de los toritos, el aguardiente y la chicha, al par que hacen lo propio con cierta cantidad de coca y de llicta.

Para que en tal ceremonia no falte la faz cristiana vuelcan también agua bendita, mientras los presentes bendicen la semilla.

Terminadas estas prácticas, las mujeres se reparten las semillas, en tanto los hombres se hacen cargo de los arados, uncidos a los cuales se hallan bueyes con los cuernos adornados con pañuelos de colores, coronas de flores, ramas de sauce, etcétera, empezando la apertura de los surcos, dentro de los cuales las mujeres derraman semillas desgranadas de las espigas que llevan.

Concluida la siembra vuelven todos a la casa habitación para chancar el gusano, esto es, hacer una merienda menudeada de chicha y terminada por un baile.

En la quebrada de Humahuaca, provincia de Jujuy, la siembra se efectúa con otras ceremonias.

Ante todo, en una olla especial, cocinan un locro de maíz y librillo de vaca que llevan al rastrojo, y allí con unos platitos gemelos sacan parte de aquél y lo derraman sobre las espigas de maíz destinadas a la siembra;

igual cosa hacen con chicha y aguardiente que previamente han colocado en dos *yuritos*, cántaros pequeños de boca angosta y también gemelos, a los que llaman *Kospanchar*.

El resto de la comida y bebida, juntamente con los platos y yuros, es enterrado en el centro del rastrojo con un poco de coca y llicta, diciendo, mientras derraman la bebida, el encargado de la operación, que es el más viejo, las siguientes palabras sacramentales: Pacha Mama, Santa Tierra Kusiya Kusiya.

Invocación hecha a la Pacha Mama para que proteja la operación.

Luego comen todos en el mismo rastrojo para continuar la siembra en la misma forma descripta en la del Valle Calchaquí. El mismo viejo de la invocación monta a caballo y desparrama, cantando y gritando, los marlos del maíz sembrado y en el borde del rastrojo a fin de preservar la futura sementera del avance de los loros.

Concluida la siembra empieza el *Güaipancho*, que consiste en correrse mutuamente, para tirarse al rostro barro de diversos colores, blanco, negro, colorado y amarillo del que cada uno ha hecho una provisión previa.

Como las sementeras tienen a menudo que hacerse a orillas de ríos y arroyos, en atención a las condiciones del suelo y a la escasez de agua, y a que ellos fácilmente llevan con el ímpetu de sus crecientes porciones de tierra cultivada, fabrican reparos de ramas o de piedras para desviar las corrientes o amortiguar sus choques. Sin embargo no creen en la eficacia de los mismos si no se ha puesto en sus cimientos cabezas de chancho y cáscaras de huevo con sal.

Cuando efectúan la trilla del trigo, operación que realizan las yeguas, pisoteando en la era y siendo necesario aventarlo para separar la paja del grano, si no corre el viento indispensable, abrigan la superstición de que llamándolo acude solícito y para ello levantan un pañuelo sobre un largo palo dando silbidos prolongados y hasta, según creo, ciertas palabras misteriosas que no he podido recoger.

Procedimiento es éste casi idéntico al empleado por algunos marinos de veleros, lo que no haría difícil que tal superstición fuera de origen español. Cuando se desencadena alguna tempestad cargada de granizo, enemigo mortal de las cosechas, los perjudicados, no hallando otro remedio de anularlo, hacen cruces de ceniza en el suelo y echan a rodar huevos de gallina para aplacar de algún modo la furia de los elementos.

VIII. La yerra en las cumbres

Cuando se va a señalar las cabras, entre las gentes de los cerros se hace una gran fiesta; el dueño de los animales prepara bastante bebida y comida, invitando a todos los amigos y parientes para el día indicado.

Si alguno de los invitados tiene un San Marcos o un San Juan, lo lleva a la fiesta para que sirva de protector a la majada, por ser abogados de los animales, según ellos, como ya se ha dicho en el capítulo de las ceremonias religiosas.

Una vez reunidos se sientan alrededor de una mesa, sobre la cual hay puesta abundante coca. Cada uno dice: "con permiso", y se sirve una porción, empezando por separar las hojitas enteras. Todos hacen lo mismo hasta que ya no queden más sobre la mesa.

Entonces, cada cual procede al recuento de las hojitas que ha separado y contando cien por cada hoja las entrega al dueño de la casa diciéndole: "En nombre de San Marcos, le doy trescientas, cuatrocientas, etcétera", con lo que quiere significar el deseo de ver aumentada la majada.

El dueño de la casa recibe estas hojitas en su chuspa, que es la bolsa en donde coloca la coca para su uso.

Estos ofrecimientos, generalmente, se hacen con relación, es decir, con versos dirigidos al dueño o a la dueña de casa, mientras todos los concurrentes coquean.

Terminado este acto se dirigen al corral para dar comienzo a la señalada; los compadres del dueño de casa, encargados de la operación en tales casos, eligen una pareja de cabritos, un cordero y una oveja o un ternero y una ternerilla, según la clase de hacienda que ha de marcarse, con el objeto de casarlos.

Los adornan para ello con flores y borlitas de lana de diversos colores colgados al cuello o de los cuernos y tomando uno la comadre y el otro el compadre, los hacen abrazar, dándoles un poco de chicha y aguardiente y poniéndoles en la boca unas hojas de coca. Con un poco de tierra tomada del corral les hacen una cruz en la frente y les dan la bendición con estas palabras: "En el nombre del padre, del hijo y del espíritu santo, que Dios te haga buen cristiano y te dé su santa bendición".

Concluido tan curioso casamiento, reminiscencia de los idénticos que en otra época practicaban con las llamas, los compadres señalan las casas y con la sangre que mana de las ovejas mutiladas mojan la cara de la dueña de la casa, para que, según dicen, ganen en salud ella y la majada.

Entonces, el dueño de la casa, dirigiéndose a los presentes, habla en estos términos:

Señores: servicio tero huahaíchi túcui
cáibi tiahjcuna yanapahuaíchi
sisachaita.

cuya traducción es la siguiente:

Señores: todos los que están aquí háganme el servicio de ayudarme a florear[1].

Dicho lo cual, todos empiezan el trabajo de señalar, entregando al dueño de casa los pedazos de las orejas, las que van guardando dentro de la chuspa de coca.

Cuando terminan la señalada, hacen aspersiones con aguardiente y chicha, dando todos vuelta alrededor del corral; luego, de rodillas y con los brazos en cruz, rezan el credo; sueltan después el ganado hacia el lado por donde aparece el sol, así aquél se multiplicará pronto, tirándoles piedras, el acullico de coca, y gritando a la vez: "tropa, tropa, tropa, tropa".

Se arrodillan nuevamente para rezar otro credo y levantar cada uno una piedra del suelo, haciendo con ellas un montoncito en el lugar en que se han detenido después de haber acompañado a la tropa media cuadra más o menos.

Hecho el montón de piedras, se dan todos la mano y felicitan al dueño de casa haciendo votos porque el año venidero haya aumentado su ganado y retornan a la habitación, en donde les espera abundante chicha y baile.

En el día siguiente, el amo de casa, acompañado de

---

[1] Esta palabra florear, es decir, adornar, es seguramente la que empleaban antiguamente cuando procedían a señalar las llamas a las que sólo perforaban las orejas, a objeto de colocarles un adorno de lana, coloreada según el gusto del dueño del rebaño. Por costumbre la han aplicado también a las señaladas de cabras.

los que aún quedan, busca un hormiguero para enterrar las orejas y las hojas de coca obsequiadas en el festín del día anterior.

En algunos puntos, como ocurre en Amblayo, cuando de marcar animales grandes se trata, acostumbran, una vez terminado el trabajo, hacer acostar en el suelo a hombres y mujeres, de a parejas por vez, en forma que el hombre cruce la pierna por sobre la de la mujer.

El marcador, con la marca empapada en pintura roja, se acerca y se la aplica, ya sobre la ropa, ya sobre un trozo de cuero traído ex profeso.

Además de esta ceremonia que tiene mucho de inmoral, tienen otras del mismo género, como la de derribar al dueño de casa y simular que se lo castra, echando a rodar grandes zapallos para figurar con ellos los testículos extraídos y volcándole botellas de bebidas que ofician de sangre derramada en la operación, todo esto, como es de comprender, en medio de risotadas generales.

Costumbres obscenas que son con seguridad rezagos de algún culto fálico al cual no serían extrañas ciertas bacanales de color más subido de las hoy practicadas y que debieron tener lugar en la época en que necesitaban ayudar a las llamas en sus funciones reproductivas. Algo debe referirse a esto cierta pastoral que un obispo de Chuquisaca, según creo, lanzó allá por los tiempos coloniales, prohibiendo bajo pena de excomunión mayor, la intervención de los hombres en la faena antedicha.

En todas estas yerras separan también los *illas*, que son animales machos castrados, destinados a servir de mascotas al rebaño y a los que difícilmente matan por creerlo perjudicial para las tropas o majadas.

Los *illas* pueden también ser objetos: así, guardan religiosamente parte de la lana de la primera vicuña cazada en el año, lo mismo que la del guanaco, el cuero de la primera chinchilla, las plumas de ciertas aves, etcétera, que conservan en aditos junto con un poco de coca, para que les sirva de talismán.

Lo mismo hacen con las cabezas de los animales que cazan, los cueros de las cabras que carnean y las primeras mazorcas del maíz recogido, sobre todo si éstas tienen *guachos*, es decir, si están rodeadas por otras abortivas.

Además, cada dueño de rebaño no deja de tener algunos fetiches, los cuales representan toscas figuras de animales, que son de importación boliviana, pues los *coyas junqueños* que bajan con remedios para la venta son los que los traen, vendiéndolos a buenos precios.

IX. Carneada de animales

Para la gente de los cerros reviste suma importancia el acto de carnear un animal vacuno o cabrío. Como ellos viven, puede decirse, en íntimo consorcio con sus animales, les toman un cariño entrañable; así no es raro que lloren, sobre todo las mujeres, cuando sacrifican alguno.

Es imposible conseguir de ellos la venta de un animal, una cabra, por ejemplo; siempre hallan algún pretexto para la negativa; si la tropa asciende en número a cincuenta, los cincuenta tienen algo que alegar en su favor; unas porque son las *illas* del rebaño, otras por *huachas*, criadas por la cabrera o la dueña de casa, tal por ser hija de tal cabra sin más hijos que ella, etcétera, las que restan por ser propiedad de un hijo o haberse criado en compañía de él. De modo que no queda más remedio, a menos de quedarse sin comer, que matar de un tiro al que se apetezca y pagar luego su importe, evitando rodeos y discusiones[1].

Esta repugnancia para la venta y el sacrificio de las cabras se explica fácilmente cuando se observa el modo que tienen de criarlas. En los cerros se encuentra a cada paso las pastoras constantemente detrás de las cabras, de cuya leche y un poco de maíz que traen del bajo se alimentan.

A la oración, después de juntar el rebaño, lo encierran en el corral y pasan en él la noche, sintiendo el bucólico balido de los chivos que a tales horas parecen dialogar.

De tal suerte las pastoras se familiarizan con sus cabras que éstas las reconocen y se dejan impunemente tomar, lo que no harían tratándose de otra persona.

Durante la época de la parición, a la caída de la tarde, se las ve llegar en pos de su rebaño llevando en sus brazos a los cabritillos recién nacidos, a los que con toda solicitud hacen amamantar por las madres, que en siendo primerizas son algo casquivanas y poco amantes de sus crías.

Separada de su rebaño la pastora, sufre su nostalgia de inmediato; así, en un lugar llamado Cachí adentro; cercano del pueblo de Cachí, hube de reconocer una pastora que, relevada después de diez años de servicios, la había afectado de tal suerte que caminaba todas las tardes legua y media, hasta la casa de una tía, al solo objeto de acostarse cerca del corral, pues de otro modo no conciliaba el sueño.

---

[1] El señor Lafone Quevedo en su libro *Londres y Catamarca*, pág. 117, refiere lo siguiente: "Los indios tienen una superstición que los indispone a vender cabritos o corderos, sea porque no quieren vender o porque realmente creen que así sucediera, lo cierto es que ellos invocan la disculpa que si sacan un animal de éstos a la tarde, irá a menos la majada, y con ello por pretexto, no venden nada".

De aquí que la muerte de una cabra produzca un gran dolor entre gente tan sencilla. Para carnearla la colocan de este a oeste, mirando hacia el primero, dejándole las patas sueltas a fin de que pueda moverse con soltura, por creer que así el espíritu va a reunirse más ligero con la majada y el procreo no mengua.

Tratan, al degollarla, de cerrarle la boca para evitar los gritos, pasándole por la cara, a fin de que no vea, la primera sangre que sale. Al mismo tiempo, la mujer que eso ha hecho hace aspersiones de sangre a los cuatro vientos, diciendo unas palabras que no he podido conocer, habiendo únicamente averiguado que tienen por fin el aumento del rebaño.

Ya por expirar el animal, le acerca la *chuspa* de coca a la boca para recoger en ella su último suspiro.

Interesante costumbre, por la que parece que creyeran incorporar a la suya el alma de la cabra, en la coca que luego han de mascar.

Si el animal sacrificado fuera grande, un vacuno, después de realizadas las mismas ceremonias, manchan las puertas del rancho con la sangre, pintando una cruz; otros entierran, además, en los cuatro ángulos de la casa, una porción de sangre, por creer que aquélla es muy hambrienta y hay que darle alimentos para que nunca falte allí.

X. La caza de vicuñas

Para cazar tan gracioso rumiante, los calchaquíes tienen un sistema curiosísimo.

Llegada la época, los cazadores se reúnen formando

compañías mandadas por capitanes elegidos por ellos y a los que obedecen ciegamente.

El capitán pasa revista a su gente y después de haber comprobado cuáles son los cerros más ricos en caza, la dirige a ellos; cada uno de los hombres marcha provisto de un atado conteniendo estacas y una larga cuerda de lana de la que cuelgan, de trecho en trecho, cintas de colores vivos.

Formados los cazadores al pie del cerro, el capitán hace un agujero en el suelo, en donde todos depositan una ofrenda de coca, cigarros y llicta, en tanto que el primero, derramando un poco de aguardiente, invoca para que le sea propicia en la cacería a la Pacha Mama, en la siguiente forma:

> *Pacha Mama-Santa Tierra.*
> *Kusiya Kusiya*
> *Vicuñata cuay*
> *Amá-mi-uaicho*
> *Kusiya Kusiya.*

Cuya traducción libre es:

> *Madre del Cerro y de la Santa Tierra*
> *Haz tú que nos vaya bien,*
> *Danos vicuña y no nos mezquines,*
> *Danos fortuna y no nos hagas enfermar (apunar)*
> *¡Haz tú que nos vaya bien!*
> *¡Haz tú que nos vaya bien!*[1]

---

[1] Esta invocación debería hacerse más bien al Llastay, que es el dueño de las aves, nombre genérico que aplican a toda clase de caza. En el Valle Calchaquí de Salta, parece que el Llastay ha sido poco a poco suplantado por la Pacha Mama, y se comprende, puesto que el Llastay es más bien numen de la llanura, según se ve en lo publicado por el señor Lafone Quevedo, en su interesantísimo *Culto de Tonapí*:

Concluida la invocación, se deshace la Kacha Kuna o formación y cada uno levanta sus estacas, cuerdas de lana, boleadoras y demás útiles de caza que previamente habían colocado en tierra, en torno del ofrendario, para mayor solemnidad de la ceremonia.

El agujero es tapado, y los hombres, de acuerdo con las órdenes del capitán, ocupan sus puestos respectivos en la guerrilla en que despliegan a los pies del cerro. Así distribuidos, todos, a una señal dada, empiezan a trepar y llegados a cierta altura clavan las estacas tendiendo las cuerdas para formar un inmenso corral, dentro del cual quedan aprisionadas las vicuñas que se hallan en las cumbres.

Como en una evolución militar, el cerco se estrecha paulatinamente. Ariscas como son, las vicuñas huyen de los que se aproximan, pero al llegar a las cuerdas, asustadas por los colgajos coloridos que flotan al viento, retroceden sin animarse a salvar la frágil valla.

Cerrado el círculo, penetran en él los cazadores, a pie o jinetes en mulas y lanzan las certeras boleadoras, abatientes de desgraciadas vicuñas, que son de inmediato degolladas.

Al final de la matanza, el capitán reparte equitativamente las presas, cuyos cueros son vendidos a los acopiadores o bien beneficiados por los mismos cazadores, quienes hilan la delicada lana y fabrican con ella los renombrados ponchos de vicuña. La carne que charquean es conducida a los hogares para alimento de las familias.

"Llastay, en los llanos y valles, es el que preside en todo y es dueño de aves y amigo del cazador que lo propicia con coca, maíz, tabaco, *llicta*, con harina de chaclión o maíz de escobas.

"Así, pues, en aquellos parajes, no es extraño oír su invocación a algún paisano, con estas palabras: *Viditay el Llastay*, cuando cerca de él aparece algún avestruz, liebre o guanaco".

Como en la invocación a la Pacha Mama piden que los libere de enfermedad; ha de entenderse que se refieren a la puna, enfermedad conocida con el nombre de mal de la montaña, esto es, la perturbación ocasionada por el enrarecimiento del aire y que en tales alturas, agravada con los ejercicios violentos realizados por los cazadores, puede tener hasta la muerte como consecuencia.

Para contrarrestar su influjo, además de la coca, usan frecuentemente el ajo, que suponen remedio eficaz y del que siempre llevan una cabeza; otros al notar los primeros síntomas se arrojan de bruces y comen tierra o se restregan las manos y las tibias con tierra sacada de debajo de las piedras.

XI. Apachetas

Viajando por los cerros, se notan en las abras[1] ciertos montículos de piedra, en los cuales se ven abundantes hojas de coca que se sabe arrojadas allí por los viajeros.

A estos montículos se les da el nombre de *apachetas*, y raro es el viajero calchaquí que al pasar por delante de ellos no se despoje de su *acullico* y allí lo deposite.

Si en este momento el viajero no viene coqueando, levanta una piedra del camino y con ello aumenta el montículo de la apacheta. Tal ceremonia, que tiene por objeto propiciarse un feliz viaje, me llamó fuertemente la atención, pues es idéntica a la practicada entre el pueblo guaraní del Paraguay; en éstos los apachetas se han

---

[1] Abras es el nombre que dan a los cuchillones altos de los portezuelos de los cerros y que dividen las aguas en dos vertientes.

cristianizado, puesto que se forman siempre al pie de las cruces que orlan los caminos y debajo de las cuales hay enterrado alguno.

Los viajeros, al pasar por ellas, no dejan de depositar un guijarro a fin de tener un buen viaje, allanadas las dificultades por el alma del muerto.

En Salta, en el abra de las Tres Cruces, de la quebrada de las Conchas, he observado también la cristianización de una apacheta.

En ella parece que alguien, *in illo tempore*, depositó una pequeña cruz, quizá con la intención de desviar hacia el lado cristiano esa práctica pagana; pero sucedió con esto el fenómeno más curioso de pertinacia, pues todos los viajeros ya no lanzaron sobre ella su acullico ni pusieron más piedras, sino que cada uno colocó allí una pequeña cruz de palito; por eso hoy ese punto se llama las Tres Cruces, aun cuando haya más de quinientas sobre la tal apacheta y en su mayor parte destruidas, pues los elementos pudren el hilo con que unen los palillos y el transversal cae, encargándose el viento de derribar el vertical que de pie quedaba.

Esta curiosa costumbre y otras semejantes observadas en Salta y en el Paraguay, ¿no serán rastros dejados por una de esas invasiones caríbico-guaraníes entradas a estas regiones?

Ya que de supersticiones relativas a viajes se trata, hay que hacer notar que mucho antes de emprenderlos hacen una invocación a la Pacha Mama con las libaciones y la ración de coca correspondiente.

Otros hacen la *cachápaya*, baile que se efectúa la noche víspera del viaje.

Algunos hay que si en el viaje se les aparece un zorro del lado derecho, lo creen de buen augurio, pero si acontece lo contrario afirman la seguridad de una mala suerte, no faltando quien renuncia al viaje, retornando por estar convencido de que la fatalidad había de pesar sobre él de continuarlo.

En el libro de Wiener encuentro algo parecido a la práctica de arrojar el acullico sobre las apachetas; me refiero al pasaje en que el autor cita su viaje a las ruinas de Tiahuanaco, al tratar sobre la cabeza monolítica de pórfido que se halla entre ese punto y La Paz.

Según él, es cosa acostumbrada entre los de allí arrojarle un puñado de lodo para conjurar la influencia maléfica que le adjudican.

Las apachetas actuales, ¿no serán, a su modo, altares elevados inconscientemente a genios adversos que suponen morar en las abras y molestar a los viajeros?

Fuera interesante averiguarlo; por mi parte hube de renunciar a ello, debido al poco éxito que obtuvieron mis preguntas, sin más respuesta que la de que si arrojan el acullico es por costumbre, lo que aun siendo probable no satisface como razón.

XII. EL FAROL

En todo el Valle Calchaquí existe la creencia arraigadísima de la presencia de fabulosos tesoros escondidos o tapados, como entre ellos los llaman.

Historias complicadísimas sobre ellos corren de boca en boca y de pueblo en pueblo; tapados hay que se han hecho famosos, como el de las Casas Blancas, cerca de Cafayate, el de Zorrito, en la quebrada de las Conchas; el de la Pirgua, en Pampa Grande; el de las Flechas, en San Carlos y Molinos, y un sinnúmero de otros que no bastarían a ser llenados con todo el oro y la plata del mundo entero.

Muchas personas, llenas de candidez y deseando hacer rápidamente su fortuna, han invertido importantes capitales en su busca, y como es natural, sin resultado.

Las leyendas sobre ellos toman generalmente su origen en un negocio que parece haber estado muy en boga en el Perú años atrás.

Los troperos y vendedores de mulas que llevaban sus arrias y mulas a vender en aquella república, cuando había mayor comercio de ellas, antes de la construcción del ferrocarril de Antofagasta; eran en su mayor parte vallistas, esto es, habitantes del Valle Calchaquí.

Realizadas las mercancías y en víspera del regreso, no faltaba algún amigo que dijera conocer cierta persona que, poseyendo el secreto de un tapado y en la imposibilidad de ir personalmente a extraerlo, deseaba efectuar su venta a un precio módico.

En él había treinta cargas de plata y dos o tres de oro, según rezaba en el derrotero que cierto fraile donara a una vieja y que ésta legara a lo suyos, y éstos a otros, pasando así sucesivamente a poder de varias personas que nunca tuvieron tiempo para ir un momento y desenterrarlo.

¿Quiénes eran los autores del entierro?

¡Naturalmente, los españoles siempre! Éstos, algunas veces, conduciendo caudales para el Rey de España, no quisieron exponerlos a que cayesen en manos de los patriotas sublevados y por eso los enterraron.

Los cándidos troperos, con las cabezas llenas de estas leyendas, oídas referir desde su niñez y sin reflexionar un instante en que tales historias sólo podían ser unas patrañas, porque los caudales reales llevaban buena escolta, porque secreto que tantas personas habían conocido dejó por ello de serlo y, finalmente, por la imposibilidad de que entre tantos no se hubiera hallado uno capaz de resolverse a emprender el viaje necesario; todo esto sin tener en cuenta las mil razones que oponen la historia y el buen sentido, acariciando la idea de dar con un rico filón de Fernandinos y onzas de oro, caían en el garlito y por trescientos, cuatrocientos o quinientos pesos que desembolsaban gustosos, se hacían dueños del mugriento papel ofrecido bajo el nombre seductor de derrotero.

Ahora bien: todos los tapados, según ellos, emiten una luz especial, especie de fuego fatuo, producto de gases exhalados por las riquezas enterradas y a ella dan el nombre de Farol.

El día de San Bartolomé es el más propicio para verlo, puesto que en tal fecha es cuando más alumbra, sin duda por la influencia del diablo, ya que es creencia general que tal día es el único en que Lucifer se ve libre de los detectives celestiales y puede hacer impunemente de las suyas.

La luz del Farol es temida por los indios, porque imaginan ver en ella el alma de algún difunto. Con los metales tal luz no tiene nada que ver, ya que la química no ha descubierto hasta ahora gas alguno que puedan emitir los tesoros enterrados; pero la superstición popular así lo cree asociando en un conjunto abigarrado el ansia de la riqueza, el temor de los fuegos fatuos, fenómenos eléctricos de las alturas, fosforescencias, insectos luminosos, etcétera, cuyo producto ha dado en sus cabezas la idea del Farol.

No sólo en los valles calchaquíes hay esta creencia sobre el famoso gas; en el Paraguay muchas veces se nos ha hablado de él, pera allí la superstición le ha adjudicado otro rol: el de ser venenoso.

Cualquier entierro, nombre que allí dan a los tapados, debe tomar aire antes de ser extraído, pues el tufo que despide al principio, necesariamente mata.

A pesar de sus diversos efectos, el gas de los tapados existe en la superstición de los dos pueblos y sería interesante averiguar cuál es el origen de esta creencia. Supongo que no debe ser otro que el deseo de salvaguardar de la profanación los restos mortales de los antepasados.

La conseja calchaquí de que los cerros se enojan y desatan temporales y nevadas, cuando se va en busca de tesoros, es igual a la que tienen cuando de remover huacas o sepulcros se trata.

El gas calchaquí que alumbra persiguiendo a los atrevidos que se acercan a sus dominios es sinónimo del otro gas, prohibitivo también de los guaraníes, que mata al desenterrar las botijas de metal, que resultan ser, casi siempre, urnas funerarias conteniendo restos humanos.

Estas ideas antiguas de respeto a las huacas o sepulcros, tanto calchaquíes como guaraníes, los que no conocían el valor de los tesoros, se despertaron después de la llegada de los españoles, ávidos de ellos, y se adjudicaron por fuerza de la herencia a los tapados o entierros.

XIII. Casamiento y compadrazgo

Los casamientos se efectúan con pocas ceremonias. Concluido el acto religioso, los padres y padrinos abrazan a los novios y en seguida montan a caballo para dirigirse adonde se ha de festejar el acontecimiento.

El novio, para ese día, ha ensillado su mejor caballo con las prendas de plata que posee, y generalmente lleva a su novia en ancas.

El cortejo, casi siempre numeroso, marcha llevando buena provisión de cohetes de la China, para quemarlos al llegar a la casa.

Cerca ya, salen otros invitados a recibirlos, todos en caballos que lanzan a gran carrera, en medio de una gritería infernal, yendo y viniendo desde la casa a los novios, siempre con la misma furia.

De ellos, unos llevan pañuelos de colores, atados a unos palos, que hacen revolear a guisa de banderas y otros, trayendo bajo el brazo un gallo o una gallina, los hacen gritar arrancándoles puñados de plumas, que lanzan entre descomunales vivas a los novios.

Los gritos, los vivas, el ruido de las carreras de los caballos, el polvo que levantan, los vivos colores de los trajes y banderas, todo mezclado al estampido seco y continuado de los cohetes, forman un conjunto pintoresco y original.

Al mismo tiempo, dos personas a pie se adelantan sosteniendo un arco adornado con cintas y flores bajo el cual se colocan los recién casados, marchando hacia el interior de la habitación destinada a la fiesta, donde se sientan, siempre bajo el arco que los ha acompañado, permaneciendo allí ante la expectación de todos, quienes los felicitan y se divierten a su salud, bailando zamacuecas o gatos al son de un bombo, o haciendo libaciones repetidas con la aloja o chicha que se ha preparado al efecto y uno que otro trago de aguardiente.

En el aniversario del casamiento y más especialmente en el día del santo de alguno de los cónyuges, éstos acostumbran a colgarle del cuello al padrino un rosario, cuya aceptación importa el compromiso de dar y sufragar una fiesta en la que los gastos de chicha, aloja, aguardiente y vino dependen de los posibles del padrino.

Entre los parientes no falta también alguno que, entusiasmado por cualquier causa, eche su gallo, contribuyendo con su cuota pecuniaria al mayor desarrollo de la jarana.

Inútil es decir que tanto el padrino, que ostenta la condecoración del rosario colgada del cuello, como el otro sufragante, son objeto de mil cuidados y atenciones por parte de los festejados y festejantes, sobre todo por los últimos, que cada momento les brindan bebidas con obligos repetidos[1].

Los compadres observan entre ellos una ceremonia muy interesante a la que dan el nombre de topamiento.

Los dos jueves anteriores al carnaval son los indicados para el topamiento, el primero para los compadres, el segundo para las comadres.

Prevenida con anterioridad e indicada la casa en que debe efectuarse el topamiento, se hacen los preparativos para la fiesta.

Arman un arco, que adornan con flores y yerbas, del cual cuelgan quesillos y rosquillas de formas diversas, algunas imitando pájaros, etcétera, adquiriendo la chicha y demás bebidas necesarias en tales ocasiones; prepárase asimismo una opípara comida para obsequiar a los contertulios. Entre los preparativos no deben ser olvidadas ciertas coronas de masa, que los compadres llevarán puestas en ciertos momentos.

A la llegada de éstos, se inicia un movimiento de jinetes que ofician de heraldos destinados a anunciar la llegada de los esperados y corren y se desempeñan en forma semejante a la ya descripta en la recepción de los novios.

Cuando están cerca, salen los otros compadres a re-

---

[1] El obligo consiste en tomar, invitando a otra persona a beber la misma cantidad, con estas palabras: "tomo y obligo", a lo que contesta el invitado: "pago".

cibirlos, cambiándose tres saludos o venias como allí se les llama. Dos mozos solteros salen con el arco y se arrodillan a cierta distancia, lo propio hacen los cuatro compadres, debajo del arco y frente a frente, las cabezas cubiertas por las coronas citadas que cada compadre coloca a la comadre respectiva y recíprocamente.

A este topamiento sigue una gritería atronadora de todos los presentes; mientras que los compadres, allí arrodillados, aprovechan la ocasión para manifestarse mutuamente los motivos de queja que tenga cada uno del otro.

Luego se abrazan todos arrojándose, antes de levantarse, almidón y polvos de colores al rostro. Al ponerse de pie los compadres, los festejantes se lanzan sobre el arco y arrebatan los quesillos y rosquillas suspendidas.

De inmediato se inicia la comida y la fiesta concluye como todas, en medio de cantos, golpes de tambor y bombos, baile y copiosas libaciones. ¡Es así como se topan los compadres!

XIV. El carnaval

En el Valle Calchaquí el carnaval se festeja con mucha sencillez. La gente se reúne en grupos, más o menos numerosos, de hombres y mujeres, muchos de ellos provistos de cajas o tamboriles, y precedidos por banderas de cualquier color se dirigen de casa en casa a cantar lo que ellos llaman el carnaval, especie de vidalita.

Los versos se cambian todos los años y siempre son de la misma construcción; los adjuntos pueden dar una idea de ellos.

La música es de un ritmo cadencioso, que acompañan golpeando las cajas y que nunca varían, a pesar de los años que transcurren. En ella se nota un aire de tristeza infinita y, en ciertos momentos, parece, más bien que el resultado de mucha alegría, la queja de todo un pueblo que lamenta su pasado.

El sabor indígena se nota de inmediato en esta melodía y no es extraño que, dada la persistencia con que siempre se canta, sea, en su origen, la misma que en otro tiempo servía para referir las hazañas de sus guerreros o intervenía en las diversas ceremonias del antiguo pueblo calchaquí.

Cuando se viaja, no es raro oír este canto, y allá, entre los cerros, produce una extraña sensación de melancolía.

Hombres y mujeres cantan en coro y pasan las horas entretenidos en esto, repitiendo siempre la misma música, mientras hacen rodar de mano en mano los yuros de chicha o de aguardiente, habiéndose previamente empapado a baldes de agua, o desfigurando las caras y vestidos con puñados de almidón, harina, pintura de colores y otros proyectiles por el estilo con que juegan al carnaval.

Ejemplo de los versos cantados en el Valle Calchaquí:

> *Qué lindo es ver una moza*
> *"La luna y el sol"*
> *Cuando la están pretendiendo*
> *"Alegrate corazón".*
> *Se agacha y quiebra palitos*
> *"La luna y el sol"*
> *Señal que ya está queriendo*
> *"Alegrate corazón".*

La chicha es buena bebida
  "La luna y el sol"
El vino es mucho mejor
  "Alegrate corazón".
Y cuando veo aguardiente
  "La luna y el sol"
Se me alegra el corazón
  "Alegrate corazón".

Las espinas de la higuera
  "La pura verdad"
Con las hojas del cardón
  "Vamos vidita debajo el nogal"
Dicen que es santo remedio
  "La pura verdad"
Para el mal del corazón.
  "Vamos vidita debajo el nogal".

Miren, allá viene el agua
  "La pura verdad"
Alegando con la arena
  "Vamos vidita debajo el nogal"
Así han de alegar por mí
  "La pura verdad"
Cuando me pongan cadenas
  "Vamos vidita debajo el nogal".

Antes cuando yo te quise
  "La pura verdad"
Eras una flor morada
  "Vamos vidita debajo el nogal"
Ahora que ya no te quiero
  "La pura verdad"
Sois una cola pelada
  "Vamos vidita debajo el nogal".

XV. Toma de posesión de un terreno

El señor Arturo Laspiur, domiciliado en Cachí, me refirió la siguiente ceremonia que presenció en el departamento de Guachipas, en un lugar llamado Otorunco.

Se trataba de poner a una pobladora en posesión de una pequeña finca que había heredado.

Para este acto habían sido citados todos los arrendatarios de la finca, para que conocieran a la nueva propietaria.

Luego que el representante de la autoridad hubo terminado de leer el auto judicial y se retiró, el capataz de la finca dijo solemnemente: esta es la patrona nueva. Todos entonces se sacaron el sombrero respetuosamente.

Contestando a tanta cortesía, la nueva propietaria les dijo imperativamente: váyanse de aquí; siendo obedecida al instante. Cuando los arrendatarios estuvieron a cierta distancia los llamó con estas palabras: vengan, hijos; regresaron aquéllos y le dieron la mano pidiéndole la bendición.

Después de haberlos bendecido cariñosamente, hizo extender un poncho en el suelo y se echó sobre él, revolcándose varias veces, al par que arrancaba yuyos y piedras que arrojó en diversas direcciones.

Supongo esta ceremonia de origen español, puesto que los indios no deben haber tenido otras similares.

XVI. Nombres de familia

Como dato filológico de nombres de familia de origen quechua o calchaquí, a continuación van algunos

155

que recomiendo a los filólogos para su traducción.

Todos pertenecen a los valles calchaquíes de Salta; sobre todo en la parte norte, Molinos y Cachí, siendo apellidos de familia:

Kakis, Guaimás, Aramadjo, Djapura, Puka Puka, Mamaní, Guitian, Korimadjo, Likin, Kuru Kuru, Sajoma, Choke, Tarki, Guari, Pos Pos, Sulka, Kolki, Taritolai, Chiliguai, Adjón, Djonar, Kala, Kipildor, Kondorí, Djampa, Vilte, Kari, Vilka, Tokonar, Guamuko, Kadjoaja, Umakata, Djoruko.

Para estos nombres indios, empleo la ortografía aconsejada por los filólogos: K igual a Q, C igual a Dj. (Y nuestra, en yuyo, etcétera.)

Parte III

Folclore de las pampas

Capítulo 5

Supersticiones gauchas

I. La región - II. Supersticiones populares acerca del sapo y sus numerosas aplicaciones terapéuticas - III. Veterinaria campestre: Supersticiones relativas al caballo, sus enfermedades y su tratamiento - IV. Otras supersticiones: Signos de lluvia, signos de visita, signos de desgracia, el basilisco, la luz mala.

I. La región

Estos apuntes se refieren a la región del gaucho, tal como la entienden aquellos que han leído el *Martín Fierro*, de Hernández, las obras de Hidalgo, Ascasubi, del Campo, Eduardo Gutiérrez, etcétera. Tienen referencia, por lo tanto, al gaucho de la provincia de Buenos Aires, sin sangre guaraní ni quichua, y que la fue desalojando poco a poco para poblar las pampas y los territorios nacionales del Sur, aun cuando tenga vinculaciones en las provincias limítrofes: Entre Ríos, Santa Fe, Córdoba y San Luis.

He agrupado los datos recogidos en diversas secciones, de las que publico tres de las más interesantes.

II. Supersticiones populares acerca del sapo y sus numerosas aplicaciones terapéuticas

Tan inofensivo batracio, con su aspecto chato, pustuloso y desagradable, capaz de hacer crispar los nervios de las personas sensibles, especialmente de las señoras y niñas, desempeña un papel importante en la campaña, donde, ya como remedio, ya como instrumento de superstición, es muy empleado por nuestros gauchos, que hacen de él un animal casi sagrado.

Contados son los paisanos que se atreven a darle muerte, cuando sus prácticas así no lo exigen, considerándolo siempre de gran utilidad.

Su zona terapéutica de acción no queda limitada al hombre, extendiéndose a muchos animales, constituyendo un artículo indispensable en la veterinaria campestre.

Durante mis viajes he recogido, verificándolos siempre, innumerables datos que al objeto se refieren, y ellos informan el presente trabajo que, naturalmente, está muy lejos de ser completo.

El empleo del sapo, en la medicina popular, varía según la índole de las enfermedades a que se aplica.

Para el dolor de cabeza. —En ciertos puntos de la provincia de Entre Ríos se suele llevar en forma de vincha un cuero de lomo de sapo, de suerte que su parte interna toque la frente.

Para el dolor de muelas. —Su uso es diverso, a saber:
1º Se toma un sapo vivo, apretándolo fuertemente con la mano derecha hasta hacerle abrir la boca, dentro de la que se escupe.

2º Limpiando un fémur de algún sapo hallado muerto, se fabrica con él un escarbadientes que se ha de emplear a menudo y que sirve, asimismo, como preservativo.

3º Tomando un sapo en la forma descripta en el 1º, se pasa tres veces su barriga, en cruz, sobre la parte afectada.

4º Se lo mata, cortando de inmediato un trozo que, después de bien calentado al fuego, se muerde con la muela dolorida mientras se puede aguantar.

Para las mordeduras de víboras. —Se suele emplear un sapo vivo, abierto en cruz por el lomo, que se coloca sobre la herida. La fe en la eficacia de este expediente se funda en una conseja muy acreditada entre la gente a que aludimos, la que refiriéndose a la antipatía que media entre los sapos y los reptiles, cuenta que cuando uno de aquéllos encuentra una víbora dormida, traza a su alrededor un círculo de babas, luego se pone a cantar para despertarla, pero ésta, no pudiendo franquear el misterioso cerco, se pone rabiosa, matándose a golpes contra el suelo.

Para la culebrilla (Herpes Zona). —Esta enfermedad, común entre la gente de campo, caracterizada por vesículas llenas de un líquido amarillento que, bajo la forma de media cintura, se manifiesta en el pecho, los hombros o el vientre, acompañada de dolor y comezón, es, según los paisanos, originada por el paso de una culebra pequeña, que ha dejado un rastro venenoso, ya sobre la parte afectada, ya sobre las ropas de uso interior. La temen muchos por considerar que, a medida que se desarrolla, va adquiriendo la forma del animal que la causó, y de juntarse la cabeza con la cola, el caso es fatal.

Para evitarlo es menester tomar un sapo vivo por el lomo y frotar con su barriga la parte enferma en sentido contrario al progreso de las pústulas. Afirman que durante esta operación el desgraciado sapo enrojece, grita y se hincha; y a pesar de ponérselo vivo en libertad, muere al rato a causa del veneno de la culebrilla, absorbido por la barriga.

No falta, sin embargo, quien cure la culebrilla, cuando de sapo no dispone, escribiendo sobre las pústulas, con tinta y letras chicas, las palabras: Jesús, María, José.

Para la disentería. —Hay regiones de Entre Ríos donde se toma una disolución de cáscaras de huevo de sapo, previamente secas y pulverizadas.

Los tales huevos no son de sapo sino de un caracol muy común de agua dulce, del género *ampullaria*; se ofrecen como un racimo de color rosado vivo, adherido a los tallos de las plantas acuáticas. Sin embargo, los paisanos los atribuyen a los sapos y en ello fundamentan su eficacia.

Supongo que estas creencias no son genuinamente indígenas, en razón de existir en España otras semejantes de las que sin duda provienen, por haberlas recibido los nuestros de los inmigrantes primitivos y aun de los modernos.

A mí me ha contado, con la mayor buena fe, un paisano español de Pontevedra (Galicia), que en su pueblo se curan las verrugas frotándolas con la barriga de un sapo vivo, que es ensartado luego en una caña hasta secarse desapareciendo entonces las verrugas.

No he podido conseguir todavía los magníficos trabajos folclóricos realizados en España en los últimos tiempos, pero creo que consultados no dejarían de indicarnos el origen seguro de muchas de nuestras prácticas supersticiosas.

162

En la veterinaria popular se usa el sapo:

Para la renguera (o desortijamiento, según el término criollo) de los caballos es remedio muy acostumbrado, que abierto por la barriga se le coloque sobre la pata enferma, pero cuidando de no dejarlo más de veinticuatro horas, ya que suponen tan poderosa su acción que de excederse puede secar el miembro.

Para los gusanos. —En el campo, cuando no se cuidan los animales lastimados, las moscas, particularmente en el verano, depositan sobre las heridas sus huevos, que convertidos en larvas inician la putrefacción. Entre los varios medicamentos que para prevenir esto se emplean, no podía faltar el sapo, que es colgado vivo y por la pata al cuello del animal enfermo. Tan seguros están de la eficacia de esta práctica, que a las seudosabias objeciones puebleras contestan con una mirada llena de sorna y conmiseración que parece decir: ¡Qué ignorante!

La influencia de este batracio extendiéndose en múltiples órdenes, se emplea asimismo:

Para la extirpación de las vinchucas (conorhinus infestan), realizada por cuatro sapos vivos que se cuelgan en el interior y en los cuatro ángulos del rancho.

Para que los jagüeles conserven agua, se arrojan sapos vivos al interior, volviéndolos a él cada vez que salen en los baldes, por ser ellos los que cavan las vertientes.

Para que llueva, cuelgan, en la provincia de San Luis, al aire libre, de un árbol o de un palo cualquiera un sapo vivo por la pata. En Entre Ríos lo estaquean, con la barriga hacia arriba, clavándolo con espinas de naranjo sobre una cruz de ceniza hecha en el suelo. Conocida es la creencia general que predice lluvias, cuando los sapos gritan pidiéndola.

Estoy seguro de que este animal tiene muchas más aplicaciones en la veterinaria y la clínica campestre, que trataré de averiguar para completar el presente trabajo, fruto de los ocios de fogón durante mi último viaje a la Pampa Central.

III. Veterinaria campestre

En nuestra inmensa campaña, dedicada como está en su mayor parte a la industria pastoril, el caballo es el brazo derecho del paisano, que sin él no podría llevar a cabo los variados trabajos de campo, ni franquear, como está obligado a hacerlo cotidianamente, las grandes distancias que separan un punto de otro.

De aquí el gran cariño que profesa por los caballos propios, a los que cuida, curándolos cuando se le enferman, con procedimientos y remedios tradicionales, bárbaros casi siempre y mezclados a prácticas de superstición pura, pero que le merecen la mayor fe.

Veterinarios rurales se hallan generalmente en casi todos los pueblos de campaña, y son casi siempre personas de edad; les atribuyen cualidades curativas superiores y pueden, también, en algunos puntos, pertenecer al sexo femenino; pero casi siempre desempeñan gratuitamente sus servicios, a título de amistad o de retribución de servicios.

Algunos remedios (como se llaman vulgarmente las operaciones) los hace cualquiera, el mismo dueño del animal, siempre que, como ellos dicen, no necesiten palabras: frases misteriosas pronunciadas y sabidas solamente por los entendidos, quienes las reservan con gran secreto para trasmitirlas, sólo cuando se hallan muy viejos, a los que deben reemplazarlos, ya que al hacerlo pierden la capacidad curativa que queda en poder del neófito. De aquí la imposibilidad en que me he hallado para recogerlas; supongo, sin embargo, que serán invocaciones de carácter religioso a Dios u otro santo.

Tema tan interesante y halagador es de desear que sea completado en lo posible, para que puedan compararse estas costumbres con las de otros pueblos jinetes, como los árabes, que han de registrarlas, sin duda, parecidas; posiblemente se determinarían grandes analogías, explicables como una herencia recibida por nuestros paisanos, a través de los españoles meridionales, que formaban la mayor parte de los contingentes coloniales en la época de la conquista.

Las creencias relativas a la influencia del color (o pelo, en lenguaje campero) del animal, se aproximan a las de los pueblos citados; así, es común sentirles decir, refiriéndose al pelo tostado (colorado oscuro): "Tostao, antes muerto que cansao", para significar la resistencia que tienen los caballos de ese color.

Otra superstición muy arraigada entre el paisanaje es la de que: "el que quiere conservar un buen caballo, no debe dejarlo montar nunca por mujer alguna", y mucho menos en cierta época, pues suponen que, por ese hecho, se le cae el pelo al caballo o pierde sus condiciones de resistencia.

Un peón de la provincia de San Luis me refería que, hallándose en el rancho de unos compadres, prestó su caballo, por el que sentía gran estimación a la comadre que debía hacer un corto viaje; cedióle, pues, el caballo, vista la imposibilidad de negarse, sin recordar en ese momento la superstición aludida. Grande fue, al día siguiente, cuando reanudó la marcha, su asombro al notar que el animal había perdido sus cualidades resistentes; pocos días después se le caía el pelo, quedando totalmente pelado.

Consultado el curandero, diagnosticó: "A este animal lo ha montado una mujer con la luna". Curada mucho tiempo después la cabalgadura, tuvo ocasión de averiguar que su comadre, el día del préstamo, había estado, efectivamente, bajo la influencia de aquella molestia. Esta coincidencia, si la hubo, hace que, aun cuando la enfermedad del caballo hubiera sido sarna, su dueño crea en la sabiduría de su superstición.

Hechos como éste he sentido referir muchísimo, cuya relación omito por larga.

Los procedimientos curativos, muy interesantes, varían con las diversas enfermedades.

Nubes en los ojos. —En los trabajos de rodeo, aparte de ganado, etcétera; lanzados los caballos a toda furia, bajo la azotaina inclemente de los jinetes, suelen recibir un golpe sobre los ojos, cuya consecuencia puede ser una nube, consecuencia evitable si el gaucho, bajándose del animal, escupe en la lonja del rebenque y se la pasa en cruz sobre los ojos.

Ya producida la nube, no queda más remedio que llenar las cuencas que los caballos tienen sobre el ojo, con excremento humano; pero más habitualmente se quema corteza de sauce joven (*salix humboldtiana*), y cuando está carbonizada, se pulveriza y coloca en un cartucho de papel, que soplan sobre el ojo enfermo, para que luego, con el frote del parpadeo, el polvo vaya limpiando la nube hasta hacerla desaparecer; también con el mismo objeto suele usarse sal o semilla de zapallo mascada.

Gusanos. —Los animales agusanados o enmoscados son curados de diversos modos, ya colgándoles del cuello un sapo vivo, un cráneo de perro, una pata de oveja, un pedazo de cuero sobrante, de lo que llaman garra, que lleva un agujero en el centto, por donde pasa el tiento que lo sujeta o ya un collar de paja trenzada.

Como se ve, todo se reduce a un colgajo, cuyo influjo ha de hacer caer los gusanos, dejando luego los animales en libertad. Muy empleado es también el procedimiento de dar vuelta la pisada del animal enmoscado, pero entonces es menester que el que practica sepa decir las palabras necesarias. Hecho andar el animal enfermo, el operador elige una pisada, hace con el cuchillo una cruz encima y luego, dando un corte, da vuelta el trozo de tierra, al par que entre dientes pronuncia ciertas palabras.

Se me ha referido que en Corrientes, donde el operador era una mujer, ésta tomó una paja entre las manos y, pronunciando unas frases misteriosas, la rompió arrojándola violentamente hacia atrás. Algo asquerosa es la práctica en uso en la pampa: enlazado y bien sujeto el animal, se le extraen tres de los gusanos más grandes, que el operador divide con los dientes y arroja hacia atrás; la dificultad está en hacerlo sin descomponerse del estómago, porque el remedio no surtiría efecto.

Todos estos sistemas, que les merecen gran fe, están eminentemente basados en la superstición; dejan que la naturaleza o el animal obren de por sí en pro de su conservación, ya que las larvas de las moscas, desarrolladas lo bastante, tienen que abandonar el medio en que se han criado para transformarse en pupas, a fin de concluir la metamorfosis; por otra parte, como he tenido ocasión de observar en Entre Ríos, los animales enmoscados se revuelcan en el barro para cubrirse con él las heridas agusanadas, determinando así la asfixia de las larvas.

Pero los paisanos, que no paran mientes en estas cosas, siguen atribuyendo gran eficacia a sus remedios supersticiosos.

Mordedura de víbora. —Contra accidente tan común en los sitios donde abundan los reptiles, hay quienes efectúan, sobre la parte picada, una ligadura con paja cortadera trenzada en tres, mientras otros se conforman con colgar del pescuezo de los animales un collar hecho de paja vizcachera.

Para evitar las mordeduras en animales de aprecio, acostumbran colocarles collares de cuero de venado (*cervus campestris*), porque afirman que, siendo este animal enemigo acérrimo de la víbora, a la que marea con su olor nauseabundo para matarla luego a pisotones, su cuero, en el que persiste dicho olor, debe forzosamente alejarlas.

Deslomadas. —Cuando observan que un caballo va aflojando el espinazo, lo que ocurre cuando se lo empieza a ensillar muy joven, emplean, para evitar que se deslome, un tratamiento de poco seguro resultado.

Enlazado y hecho caer el animal, lo manean y lo castigan para que trate de levantarse, sin conseguirlo a pesar de hacer esfuerzos de arqueo desesperados e inútiles, que es precisamente lo que desean, ya que hinchando el lomo, según ellos, queda arreglado el espinazo.

Descogotadas. —A los que sufren, se limitan a colgarles del cuello una garra de cuero fresco, remedio que no debe dar tanto resultado como fe les merece.

Manquera del encuentro. —Esta enfermedad que suele ser ocasionada en los caballos por algún paso en falso dado en sus carreras o galopes y puede ser considerada como una recalcadura que inutiliza frecuentemente al noble bruto, dándole un andar insoportable, siendo como es, para el paisano propietario del animal una gran calamidad, da origen a que agote para curarla todo su bagaje veterinario.

Los remedios son variados y bárbaros. Se atan las manos del animal y corriéndolo de atrás se lo obliga a trabajar con todo el cuerpo, sin dejarlo descansar hasta que sude para bañarlo inmediatamente.

Otro procedimiento parecido al anterior dispone que monten y corran en el animal enfermo, que luego es maneado y colgado de un árbol, en forma que sólo sus patas traseras se apoyen en el suelo; colocado en tal posición hace naturalmente para escapar una serie de esfuerzos que, cuando no consiguen curarlo, por lo menos lo empeoran.

Para manqueras viejas, entre los varios tratamientos, goza especial crédito la labradura, operación que consiste en aplicar un cauterio que puede lo mismo ser un hierro candente que agua hirviendo. La quemadura es, a su vez, curada con grasa de potro. Sucedánea de la labradura suele ser la aplicación de un cáustico cuya receta dice: Bicho moro, seco y pisado; jabón pisado, partes iguales. Mézclese bien y apliquese en el encuentro.

Ahora bien, como el bicho moro es un escarabajo del género *lytta*, es fácil prever sus efectos.

También suele emplearse para curar la manquera un sedal hecho con cerdas del mismo animal y que mezcladas con sebo y sal se aplica en el encuentro, haciéndolo correr diariamente.

Rengarse de la pata. —Desortijarse es el término técnico que en la veterinaria campestre designa esta enfermedad, y como en la anterior, los remedios son diversos.

El más común consiste en atar, con cerdas de la cola del caballo enfermo, la pata contraria por arriba del nudo; como el dolor que le ocasiona pisar con ella, le obliga forzosamente a hacerlo con la enferma, creen que trabajando ésta se compone.

Otros reemplazan las cerdas de la ligadura por una trenza hecha con trozos de una enagua de mujer.

Finalmente, los hay que aplican sobre la parte dolorida un sapo abierto por la barriga, remedio que no deben llevar más de una noche, por ser tanta su fortaleza que si se deja más tiempo seca la pata.

Vejigas en las patas. —Para extirparlas se pasa generalmente por ellas una aguja con una cerda que dejan dentro, a modo de sedal. Otros las extraen a cuchillo, las cauterizan y aplican sobre ellas grasa caliente de potro; envuelven la pata enferma con lana y la hacen pisar sobre bosta de vaca hecha brasa. Esta operación puede ser cambiada por una untura de grasa de zorrino (*mephitis suffocans*) sujeta por un trapo negro de lana.

Tratamiento, sin embargo, de índole más supersticiosa, es el que prescribe envolver la pata avejigada con un cuero de zorrino, cazado de noche y desollado vivo.

Enfermedad del vaso. —Tratándose de un hormiguero, nombre que dan a cualquier foco purulento en esa región, después de una limpieza previa, cauterizada con un clavo enrojecido, recubren con sebo la lastimadura, pero si se trata de mal del vaso, lo lavan con salmuera y punzan en la parte superior, o bien lo frotan con excremento humano solamente.

Moquillo. —Es, según creo, una especie de catarro que ataca a los caballos en cierta época.

Entre los numerosos tratamientos que emplean los paisanos para curarlo, amén de la consabida dosis de salmuera por la boca, imprescindible, según ellos, para toda enfermedad interna, hay dos que, como suele ocurrir en medicina para ciertas enfermedades, son preconizadas por dos escuelas que cuentan con gran número de partidarios.

Uno es el sahumerio; sus adeptos lo aplican a las narices del animal enfermo, haciéndole respirar el humo de un trapo usado por hombres; una brasa dentro de un atado de lana negra (San Luis), o una bayeta colorada, en otros lugares.

La otra escuela pretende hacer reventar el moquillo obligando a los pobres animales a efectuar grandes esfuerzos, y así les dan grandes galopes para que suden copiosamente y tratan de estrangularlos con un lazo, para que los movimientos que determina la asfixia acaben por reventar el moquillo. Otros, con idéntico fin, atan al animal de la cola a un poste y tiran del bozal en sentido contrario.

Mal de orina. —Este es el nombre que dan los paisanos a la retención de orina que suelen sufrir los caballos por alguna galopeadura violenta o cualquier otra causa. Es bastante común, y variadísimos los métodos curativos.

Cortan, unos, los pelos de las ranillas de una pata y una mano, alternadas; dan tres puñetazos en el ijar del enfermo, sangrándolo, luego, en el paladar.

Otros, después de hacerlos galopar largo rato, desmontan e imitan con la boca el ruido de una ventosidad, a lo que no falta quien agregue la colocación de un poco de ají en el pene del animal.

También es de práctica ceñirle la cola con dos vueltas de cerda, para dejarlo luego a soga larga, sin alimentos ni bebida hasta que orine, práctica que suele completarse dejándolo en un corral de ovejas, por atribuir al olor amoniacal que despiden los excrementos la virtud de favorecer la orina.

Se usan, asimismo, diversos expedientes, tales como el de atravesarles las orejas con una aguja enhebrada, dejándole el hilo, o hacerle oler un trapo de camisa masculina (falda).

Práctica en la que entra más de lleno la superstición es la que aconseja dar un buen galope al caballo y luego, con una mano de mortero o con el mango de un talero, hacerle tres cruces en la barriga o bien arrojarlo simplemente el mismo número de veces por debajo del animal.

Completan la clínica de esta enfermedad, variada y curiosa y sin más inconvenientes, si es que puede tal cosa serlo, que el poco agrado con que acogen los enfermos sus prescripciones, los siguientes remedios, que pueden utilizarse:

Se baten las verijas con ortiga, se raya con cuchillo y por el lado interior las orejas del cuadrúpedo, se lo sahúma con lana negra quemada o, finalmente, se le da a oler un trapo sucio de cocina.

Mal de chucho. —Enfermedad que presenta como síntoma principal el que encabeza el párrafo; es muy común en las sierras de San Luis y se la combate poniendo un trozo de tabaco negro en la coscoja del freno, o bien, y con menos frecuencia, se les raja las orejas y sahúma con un trapo.

Empacho. —Suele ser muy frecuente en los terneros de las tamberas, debido a que los animales, muertos de hambre, comen y tragan muchas cosas en lugar de la leche materna, aprovechada por los dueños. Diagnosticada esta afección, con más o menos acierto, introducen al animal, en el ano, un pedazo de vela de sebo.

Mataduras. —¿Quién no ha visto las mataduras, a veces horribles, que muestran los pobres mancarrones que se hallan en manos inhumanas, lejos de la vigilancia del dueño interesado en su conservación?

Para hacerlas desaparecer, los remedios más usuales son: aplicaciones de grasa de puchero mezclada con tizne de olla; rociarlas, en verano, con agua de jabón y en invierno con grasa de potro. Pero, sobre todo y en cualquier época, orines humanos descompuestos.

Conservación de la cola. —La gente paisana, que a la inversa de lo que ocurre en las ciudades, donde se priva por lujo de ese espantainsectos que tan generosamente otorgó la naturaleza a los caballos, cifra su coquetería en que el redomón de su pertenencia ostente una larga y tupida cola, coloca a tal objeto en ella, con frecuencia, grasa de potro.

Animal cansado. —Cuando carnean un animal cuya captura ha exigido que se lo canse enormemente, para que la carne quede buena y no haga daño su comida, antes o después de degollarlo le cortan la punta de la lengua, el tronco de la cola y le rajan en cuatro las pezuñas.

El gaucho, supersticioso como todo campesino, lo es
en mayor medida cuanto más aislado se halla de los centros populosos y más solitariamente se desenvuelva su
vida.

Su bagaje de creencias, siempre abundante, ha podido
ser en parte aquilatado por las descripciones que relativas
al sapo y a la veterinaria campestre acabo de terminar.

Obligado por la naturaleza a ser muy observador,
sus facultades se han acrecentado ante esos dos maestros
irreemplazables: la necesidad y el ejercicio. Todo lo ve,
mira y escudriña; dotado de gran memoria, archiva todos los hechos, que trata de correlacionar en cuanto las
circunstancias parezcan exigirlo; mas no pudiendo
siempre darse una explicación satisfactoria y natural de
los hechos, víctima de una imaginación riquísima a la
que no son extraños los elementos étnicos de herencia
supersticiosa que contiene, hace intervenir de inmediato lo sobrenatural, para revestir así sus concepciones de
ingenua poesía.

Persisten ellas, aumentando de la propia suerte su
número, cada vez que un hecho nuevo se produce.

Como todos los temas ofrecidos al estudio del folclore, es éste en grado sumo interesante, presentando
múltiples fases y diversidad de asuntos, que se han de
coleccionar lentamente para que, clasificados por modo
metódico, sea posible, ya reunido el material disperso,
dar cima al trabajo completo.

Signos de lluvia. —Es indudable que para el habitante de la campaña es la cuestión del agua de una impor-

tancia, si no única, absoluta y primordial. De aquí la expectación con que siempre se halla aguardando la caída de ese maná líquido, irreemplazable fuente de vida en y para toda la naturaleza.

¡Cuántas angustias! ¡Cuántos sinsabores! ¡Cuán amargos momentos han experimentado en épocas de sequía las gentes de los campos!

¿Qué no hubieran dado en ciertos momentos, frustrados sus trabajos, decepcionados en la legítima esperanza de obtener una recompensa a su labor por el providencial chaparrón, siempre distante?

Y en medio de tan desesperante vida de espera, alternadas por ansiosas observaciones y largas miradas a los cielos inmutables, las conversaciones sobre el tema de la lluvia informan una sola expectativa lo mismo en el campo que en las casas, en el sembrado y en las pulperías.

Un día llega a una reunión, desmontando del rápido corcel, un paisano que, sin poder disimular el júbilo que lo embarga, exclama: "Va a llover pronto. Acabo de ver en tal parte, donde suele reunirse tal majada, al toro overo de la tropilla de X que se revolcaba como caballo". No es extraño, entonces, que intervenga uno de los presentes, para agregar a su vez haber visto en su casa al perro negro[1] que dormía *patas pa arriba*, sin duda porque pedía agua.

No faltará, asimismo, quien afirme haber contemplado, a su vez, ya a los potrillos retozando y pateando en la loma; y a los corderos, también retozando, corta-

---

[1] Los paisanos, al hablar de un animal, nunca dejan de dar sus señas particulares y sobre todo el color del pelo. Lo mismo acontece tratándose de lugares; siempre han de localizarlos relacionándolos con otros puntos. Así dicen: El zanjón que está a la derecha de la loma pasando por donde hay dos árboles.

dos en tropilla por los caminos. Como habían tenido ocasión de oír al chajá emitiendo su grito especial a las doce del día o quizás y a la misma hora a pasacalle (especie de becasina) cerca de algún zanjón.

En el capítulo concerniente al sapo ha podido verse algunas de las herejías que con él se realizan para obtener la lluvia.

Signo de agua segura, de gran crédito entre el paisanaje, es el que la anuncia cuando cantan mucho las perdices y el sol entra en las nubes.

La fe que el canto de las perdices inspira ha quedado consagrada en innúmeros refranes versificados, semejantes a los siguientes, que debo a la amabilidad del señor Demetrio Correa Morales, juntamente con otros interesantes datos recogidos para este y otros trabajos:

Cuando la perdiz canta
Ñublado viene;
No hay mejor señal de agua
Que cuando llueve.

Cuando la perdiz canta
Y el sol se ñubla,
Dicen las pueblerinas:
"Agua segura".

Entre los refranes que sin mencionar las perdices se refieren a la lluvia, cabe citar los siguientes:

Norte claro y sur oscuro
Aguacero seguro.
Cielo empedrado
Suelo mojado.

Signos de visita. —Para la aislada vida campesina, una visita es un acontecimiento de poca frecuencia. Separados los ranchos por distancias considerables, las familias salen muy poco, pasando sus años entregadas a las labores propias del hogar, que requieren la continua vigilancia del fogón, reducidas como están a la cocina y a la preparación del mate.

La presencia de muchachas jóvenes en el rancho altera el aislamiento. Los gauchos mozos, atraídos por sus encantos, no titubean en galopar largas leguas para visitarlas con más o menos honradas intenciones; pero de cualquier modo, ellas tendrán novio y la visita de éste será siempre esperada con ansiedad tanto en la pampa como en el África Central. Verdad es que ellos, teniendo también sus ocupaciones, no pueden menudear y ser puntuales en sus visitas. De ahí surge la necesidad de signos característicos que predigan el día feliz en que el ser amado no trepidará en hacer sudar al más noble bruto en un prolongado galope amoroso.

La ausencia de mozas en el rancho no invalida la eficacia de las predicciones y ante éstas, hombres y mujeres se preguntan: "¿Quién vendrá?"

Tal interrogación corresponde: cuando pasa un teruteru gritando sobre el rancho; cuando vean al gato que se lava la cara; cuando al gallo de la casa se le ocurre cantar parándose en la puerta; todas las veces que al prender el cigarro en las brasas del fogón quede adherida alguna a él, o cuando cebando mate se pegue una al fondo de la caldera.

¡Cuántas alteraciones en el latir de los campestres corazones femeninos no serán causadas, aun hoy día, por estos inocentes signos de visita!

Signos de desgracia. —¿Quién creerá que las encargadas del odioso papel de anunciar las malas nuevas fueran las aves más serviciales que el hombre cría: las gallinas?

Mal papel les asignan los paisanos no satisfechos con comerse los huevos y sacrificarlas constantemente en aras de su nunca desmentido buen apetito.

Pero la superstición así lo ha querido y cuando la gallina canta como gallo, o el gallo canta entre ocho y diez de la noche, siendo sus cantos impares, o antes de entrarse el sol canta tres veces, una nube pasa por la frente del paisano y con suprema angustia que en algo aminora el fatalismo atávico, se pregunta vislumbrando una desgracia: ¿Qué sucederá?

El basilisco. —Ser tan fantástico, compañero de otro que lo es tanto, la culebrilla, inspira a los paisanos, sobre todo a las mujeres, por creerlo causa de muchos males, especialmente del daño, un gran temor.

El origen de tal superstición, siendo evidentemente europea, ha tomado en la campaña caracteres diversos en sus efectos y modos de aparición.

Las gallinas viejas, algunas espolonadas ya, son las sindicadas de poner los huevos de que nace este terrible animal.

Tales huevos son los que se llaman ordinariamente hueros, es decir sin yemas, y cuando sospechan que alguno lo es, lo entierran profundamente, apisonando la tierra y haciendo sobre ella una cruz con un palo o cuchillo.

Si en alguna nidada por casualidad encuentran un huevo vacío, creen que de allí ha salido un basilisco, y se lanzan a buscarlo; excusado es decir que cualquier larva o gusano que encuentren por las inmediaciones es, de no conocerlo, arrojado al fuego sin más trámite.

Tiene, según los paisanos, la forma de una víbora pequeña, con un solo ojo en la frente, cuya mirada daña a las personas.

Una vez salido del huevo, trata de penetrar en el rancho para esconderse en el techo o en las paredes y ejercer así, desde allí, su maléfica acción.

Fantástico cual lo forja la imaginación campestre, tiene en la naturaleza, cosa curiosa, un inofensivo símil en la larva de una mariposa crepuscular (*Sphingidae*) *Phillampellus Labruscoe*, llamada vulgarmente bicho de parra, que posee en la parte anterosuperior del cuerpo un disco que se dibuja en la piel con toda la forma de un ojo, y que es, creo, la que ha inspirado la figura de víbora que atribuyen al basilisco nuestros paisanos, puesto que en Europa se le da la forma de una lagartija.

Al basilisco se le inculpa la producción del daño. Esta enfermedad, bastante común en las mujeres, no es sino una forma de histeria, a veces complicada con epilepsia.

Los síntomas son por demás conocidos y se hallan bien descriptos en los tratados correspondientes para que los enuncie aquí; me limitaré al procedimiento curativo del daño causado por el famoso basilisco.

La enferma, ya diagnosticada la dolencia por alguna comadre o médica rural, manda comprar, si, cosa imposible en una mujer, no tiene, un espejo, con el cual se coloca de espaldas a la nidada, presunta cuna del basilisco y se queda durante un par de horas diarias mirándola por el espejo, tratamiento que se continúa por espacio de los días necesarios para la curación.

La razón de mirar la nidada es la de romper la presión de la mirada del basilisco, que es posible aún permanezca allí.

He dicho antes: hasta que se curan, y ello ocurre en

179

muchos casos, porque las dos horas diarias de sesión proporcionan a la paciente, sin que lo aperciba, un tratamiento autohipnótico que, unido a la fe en el remedio, da una suma importante de factores de curación.

Luz mala. —Todo el mundo conoce los fuegos fatuos y su origen; éstos son los que los paisanos denominan luces malas o la luz mala.

El gaucho más valiente no pasará cerca de una de ellas, que en ciertas noches se elevan en algunos puntos, sin sentir un terror supersticioso que le hará sacar el sombrero y rezar por el alma del finado que supone por allí se halla enterrado, todo sin ocurrírsele que pueda proceder de algún caballo muerto o de cualquier sustancia orgánica en descomposición.

Según ellos, la luz mala procede de un alma que se halla en pena por cualquier motivo, y dicen que rezando por ella la luz no los sigue, que es a lo que tienen miedo.

Si por el sitio de la aparición se halla alguna tumba, creen que el difunto quiere que se lleven sus despojos a lugar sagrado, esto es a un cementerio.

La fantasía de la gente del campo ha creado un sinnúmero de leyendas relativas a la luz mala que, generalmente de noche, mientras el mate pasa de mano en mano, se refieren, en tanto que los párpados se van cerrando poco a poco en busca del reposo necesario después de las duras tareas del día.

Historias tétricas y lúgubres, que dichas allí mientras las sierpes de las llamas sustituyen a intervalos con su claridad a la luz mortecina de las brasas, que sólo alumbra al círculo central de oyentes, hacen erizar los cabellos y deslizarse un escalofrío por la espalda cada vez que un nuevo episodio es relatado.

De ahí que cualquiera de los presentes que encuentre en sus andanzas un fuego fatuo sentirá, recordando todo aquello, que vuelven a funcionar las células cerebrales antes impresionadas por los relatos citados, y entonces, espantado, sintiendo la piel de gallina por todo el cuerpo, se sacará trémulo el sombrero y recogiéndose en sí mismo, mientras los labios balbucean una plegaria, mirará con ojos azorados la luz mala.

Bibliografía de Juan B. Ambrosetti*

1887 — "Fauna de Entre Ríos", capítulo v de la *Descripción física y estadística de la provincia de Entre Ríos* por Cayetano Ripoll.

1890 — *Observaciones sobre los reptiles oligocenos de los terrenos terciarios antiguos del Paraná* (BANCC).

1892 — "Rápida ojeada sobre el territorio de Misiones" (BIGA). —"Población de Misiones. Colonias militares" (BIGA). —"Descripción de algunas alfarerías calchaquíes" (RMLP).

---

* Siglas correspondientes a las publicaciones citadas: BANCC, Biblioteca de la Academia Nacional de Ciencias de Córdoba; BIGA, Boletín del Instituto Geográfico Argentino; RJZBA, Revista del Jardín Zoológico de Buenos Aires; RMLP, Revista del Museo de La Plata; ASCA, Anales de la Sociedad Científica Argentina; EA, La Enseñanza Agrícola; RDHL, Revista de Derecho, Historia y Letras; AMNBA, Anales del Museo Nacional de Buenos Aires; RUBA, Revista de la Universidad de Buenos Aires.

1893 — *Viaje de un maturrango*, por Tomás Bathata (Peuser). —"Museo de Entre Ríos" (BIGA). —"Notas biológicas, I a VIII" (RJZBA). —"Viaje a la pampa central" (BIGA). —"Contribución al estudio de las tortugas fluviales oligocenas de los terrenos terciarios antiguos del Paraná" (BIGA). —"Sobre una colección de alfarerías minuanas" (BIGA). —"Materiales para el estudio del folclore misionero" (RJZBA). —"Apuntes para un folclore argentino" (RJZBA). —"¿Qué es un tacurú?" (RJZBA).

1894 — "Apuntes sobre los indios chunupíes" (ASCA). —"Los paraderos precolombinos de Goya" (BIGA). —"Viaje a las Misiones argentinas y brasileras por el Uruguay" (RMLP). —"Un viaje a Misiones" (ASCA) y otras. —"Segundo viaje a Misiones por el Alto Paraná e Iguazú" (BIGA).

1895 — "La región vinícola de la provincia de Salta" (BIGA). —"Tercer viaje a Misiones y la plantación de yerba mate" (BIGA). —"Notas biológicas, IX y X" (RJZBA). —"Los indios cainguá del Alto Paraná" (BIGA). —"Los indios caingangues de San Pedro (Misiones)" (RJZBA). —"Los cementerios prehistóricos del Alto Paraná" (BIGA). —"Las grutas pintadas y los petroglifos de la provincia de Salta" (BIGA).

1896 — *Un paseo a los Andes* (EA). —*Materiales para el estudio de las lenguas del grupo kaingangue, Alto Paraná* (BANCC). —"Un flechazo prehistórico (continuación de la Paleontología Argentina)" (BIGA). —"La leyenda del Yaguareté-Abá" (ASCA). —"El símbolo de la serpiente en la alfarería funeraria de la región calchaquí" (BIGA). —"Los monumentos megalíticos del Valle del Tafí (Tucumán)" (BIGA). —"Costumbres y supersticiones en los valles calchaquíes" (ASCA).

1897 — "Por el Valle Calchaquí" (ASCA). —"La antigua ciudad de Quilmes (Valle Calchaquí)" (BIGA). —"El diablo indígena" (*La Nación*). —"Notas de arqueología calchaquí" (BIGA).

1898 — "Notas de arqueología calchaquí" (BIGA). —"Ramón Lista" (BIGA). —"Misiones por Jean Queirol" (BIGA).

1899 — "Notas de arqueología calchaquí" (BIGA).

1900 — "Decadencia industrial en el litoral e interior" (RDHL). —"Por Córdoba y Salta" (ASCA). —*La civilización calchaquí* (síntesis para el Congreso de Americanistas de París). —"Timoteio" *(cuento de tierra adentro)* (Almanaque Orzali).

1901 — "Rastros etnográficos comunes en Calchaquí y México" (ASCA). —"Noticias sobre la alfarería prehistórica de Santiago del Estero" (ASCA). —"Hachas votivas de piedra (Pillan Toki) y datos sobre rastros de la influencia araucana prehistórica en la Argentina" (AMNBA).

1902 — "Un nuevo Pillan Toki" (RMLP). —"Algunos vasos ceremoniales de la región calchaquí" (AMNBA). —"El sepulcro de La Paya" (AMNBA). —"Datos arqueológicos sobre la provincia de Jujuy" (ASCA).

1903 — *I Calchaquí* (conferencia en Roma). —"Las grandes hachas ceremoniales de Patagonia" (AMNBA). —"Antigüedad del Nuevo Mundo, crítica a un artículo" (RDHL). —"Los picos pintados de rojo del valle de Yocavil" (AMNBA). —"Cuatro pictografías de la región Calchaquí" (ASCA). —"Exploraciones arqueológicas en la ciudad prehistórica de los indios jíbaros del Ecuador" (AMNBA). —*La hacienda de Molinos, valles Calchaquíes* (Estudios).

1904 — "Insignia lítica de mando de tipo chileno" (AMNBA). —"Informe del delegado de la Universidad de Buenos Aires al XIII Congreso de Americanistas de Nueva York" (RUBA). —"Apuntes sobre arqueología de la Puna de Atacama" (RMLP). —"El bronce en la región calchaquí" (AMNBA). —"Viaje a la Puna de Atacama, de Salta a Caurcharí" (BIGA). —"La República Argentina" (Capítulo de la obra *Gli italiani nell' Argentina*).

1906 — *Exploraciones arqueológicas en la Pampa Grande* (San Luis) (publicación de la Sección Antropología de la Facultad de Filosofía y Letras). —*El hacha de Huaycama* (AMNBA).

1908 — *Exploraciones arqueológicas en la ciudad prehistórica de La Paya (valle Calchaquí, provincia de Salta)* (publicación de la Sección Antropología de la Facultad de Filosofía y Letras). —"¿La bolsa de una médica prehistórica?" (AMNBA). —"Clava lítica de tipo peruano del territorio de Neuquén" (AMNBA). —"La Facultad de Filosofía y Letras de la Universidad de Buenos Aires y los estudios de arqueología americana" (Revista *Anthropos*). —*La question calchaquie et les travaux de la F. de F. et L.* (Comunicación al Congreso de Americanistas reunido en Viena).

1909 — *Congreso Internacional de Americanistas, Viena, 1908* (Informe del delegado). —*Un objeto raro de alfarería de Misiones* (Apuntes de Historia Natural).

1910 — *Un documento gráfico de etnografía peruana de la época colonial* (publicación de la Sección Antropología de la Facultad de Filosofía y Letras).

1911 — "Ídolo zoomorfo del Alto Paraná" (AMNBA).

1912 — *Nuevos restos del hombre fósil argentino* (presentación al Congreso de Americanistas reunido en Londres). —Memoria del Museo Etnográfico, de 1906 a 1912. —*Doctor Florentino Ameghino*, 1954-1911 (AMNBA).

1914 — "Prólogo a la obra *Don Baltazar de Arandia*, de Carlos Correa Luna" (Anales de la Academia de Filosofía y Letras).

1915 — "El Museo Etnográfico de la Facultad de Filosofía y Letras, como auxiliar de los estudios de ornamentación aplicables al arte en general" (*Revista de Arquitectura*).

1916 — "Profesor Pedro Scalabrini (1849-1916)" (AMNBA). —"Observaciones sobre la arqueología de la Puna de Atacama" (AMNBA).

1917 — *Supersticiones y leyendas.* —Región Misionera, Valles Calchaquíes, Las Pampas. Con una introducción del profesor Salvador Debenedetti (La Cultura Argentina, Buenos Aires), 240 páginas.

ÍNDICE

PARTE III
FOLCLORE DE LAS PAMPAS